ノート・手帳・メモが変わる

「絵文字」の技術

知的生産研究家 永田豊志

中経出版

仕事や勉強は
楽しいですか?

仕事や勉強の成果を高める一番の方法、それは仕事や勉強そのものを楽しくすることです。好きなことや、面白いことには誰でも夢中になれるし、成果を出すことができます。寝食を忘れて没頭しても苦にならないし、どんどん上達するから、ますますのめり込むはずです。逆に言えば、苦痛なもの、退屈なものはいつまでたっても身につきません。

本書は、メモやノートを書くという日常行為を楽しくさせ、結果的に「考える力」や「伝える力」を伸ばすものです。物事の全体像を超ハイスピードで理解し、矛盾やヌケ・モレを発見し、自分の考えやアイデアを表現するのが、楽しくて仕方なくなります。そのためのコアテクノロジー、それが「絵文字の技術」です。

絵文字は仕事や勉強の「記録」という退屈な作業を、「すばらしい自己表現」へと変えていきます。ドライな業務連絡を、ウェットで人間味あふれるコミュニケーションに変えることができます。

さあ、一緒に絵文字の世界に出発しましょう。

あなたの仕事と人生を変える「絵文字」の魔法

- コミュニケーションが円滑になる
- 記録、伝達の効率性が高まる
- 新たなアイデアを発見できる

絵文字を使うと…

いま、あなたの手帳をここに持ってきて開いてみてください。

パラパラとめくってみて、どのような情報が書いてあるのかチェックしてみましょう。そして、もし手鏡があれば、そのときの自分の顔を映してみるのです。

どうでしょう、眉間にシワを寄せていませんか？　自分の書いたメモなのに、自然としかめ面になっていませんか？

自分のメモを見て困惑するのはナゼ？

原因はこの２つです。

①何を書いたのかわからない（字が汚いのかもしれません、あるいは、どのような意図で書いたのか思い出せないのかも）

②どの部分が重要か思い出せない（全体を見まわしてみましょう。ポイントはどこにありますか？　文字だらけだとどこがポイントで、どこが補足だかわかりませんよね）

つまり、せっかく書いたメモなのに、眉間にシワを寄せないと解読できないということです。世の中にこうした残念なメモやノートがいかに多いことか！　それを解決するのが「絵文字」です。

仕事に使うノートこそ、絵文字を活用すべき！

絵文字は何も、女子高生や掲示板マニアのためにあるのではありません。実は、絵文字を使うことで、一番効果があるのはビジネスパーソンなのです。たとえば打ち合わせを記録する、商品のアイデアをまとめる、プレゼンの構想を練る、そんなときに絵文字が威力を発揮します。

箇条書きの習慣を捨てるだけで、あなたは変わる！

一般的に、ビジネスの記録というのは、しかめ面して、淡々と箇条書きのポイントを列記するものだと思われているようです。しかし、それは違います。

自分が楽しいと思えないものは、他人も楽しくありません。自分がしかめ面をして書くものは、他人が見るときもしかめ面をして見なければいけません。もう、そんな意味のないノートはやめましょう。

仕事がときめく「絵文字」の魔法

絵文字を使うようになると、仕事が楽しくなり、なおかつ第三者に伝えるときにも、効率的に無駄なく説明ができるようになります。

絵文字を使ったノートは、イメージがリアルになり、記憶に残り、新しいアイデアがどんどん浮かぶようになります。これであなたも、できるビジネスパーソンに早変わりです。こんな素晴らしい絵文字、活用しない手はありません。

さあ、ノートと筆記具を用意ください。あなたの脳とノートとが生まれ変わります。たとえば、こんな風に　次頁

箇条書きノートを「絵文字ノート」に変えよう！

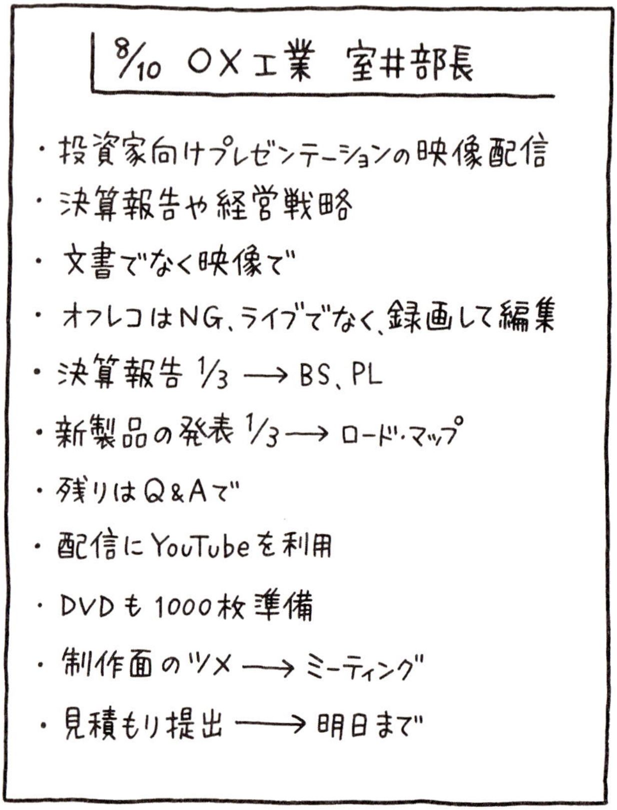
8/10 ○×工業 室井部長
・投資家向けプレゼンテーションの映像配信
・決算報告や経営戦略
・文書でなく映像で
・オフレコはNG、ライブでなく、録画して編集
・決算報告 1/3 ⟶ BS、PL
・新製品の発表 1/3 ⟶ ロード・マップ
・残りはQ&Aで
・配信にYouTubeを利用
・DVDも1000枚準備
・制作面のツメ ⟶ ミーティング
・見積もり提出 ⟶ 明日まで

箇条書きノート

箇条書きノートの5つの問題点

①何が書いてあるか、すぐ理解できますか？
②「結局何の話？」にひと言で答えられますか？
③「ヌケ」「モレ」「矛盾」にすぐ気づきますか？
④話の内容を覚えられますか？
⑤報告書を作るのが面倒じゃないですか？

箇条書きノートを「絵文字ノート」に変えよう！

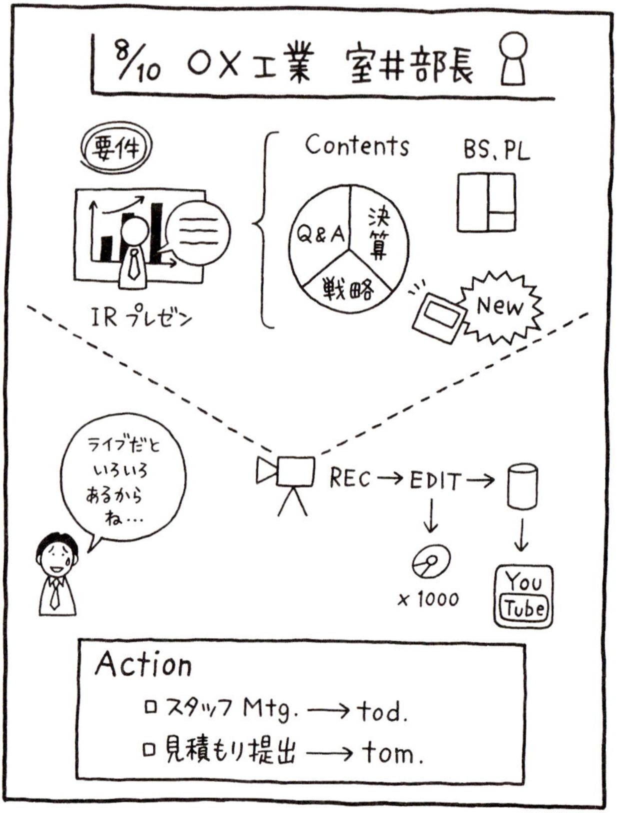

「絵文字ノート」

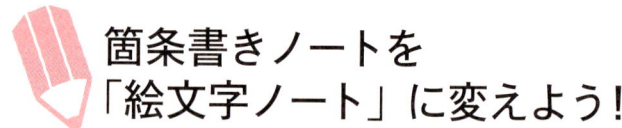

「絵文字ノート」の５つのメリット

①書いてあることが一目瞭然！
②概要がひと目でわかる！　伝わる！
③図式化されているから、問題点がすぐわかる！
④絵のイメージだけだから、記憶しやすい！
⑤パワポに転用すれば、報告書の出来上がり！

本書の使い方

理論編

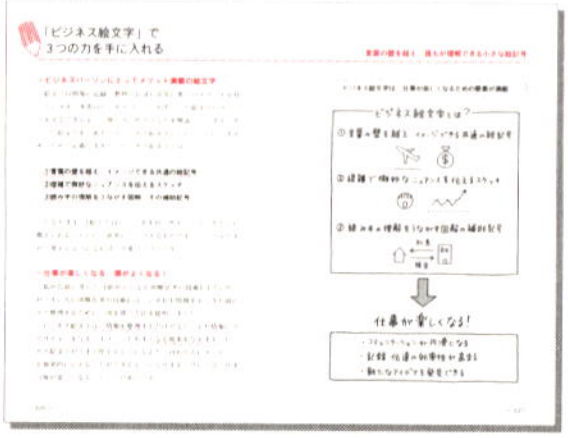

［理論編］
CHAPTER 1

基礎編

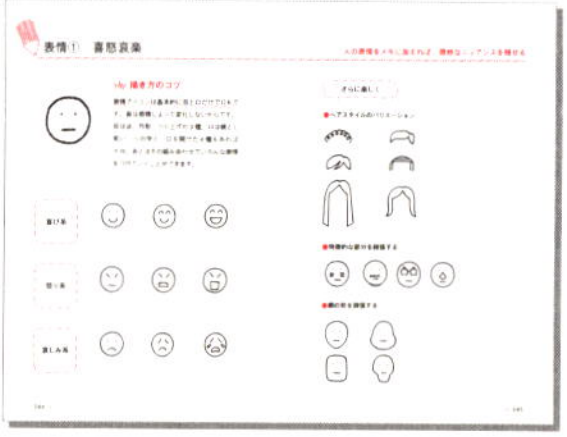

［基礎編］
CHAPTER 2 ～ 4

応用編

［応用編］
CHAPTER 5 ～ 6

実践編

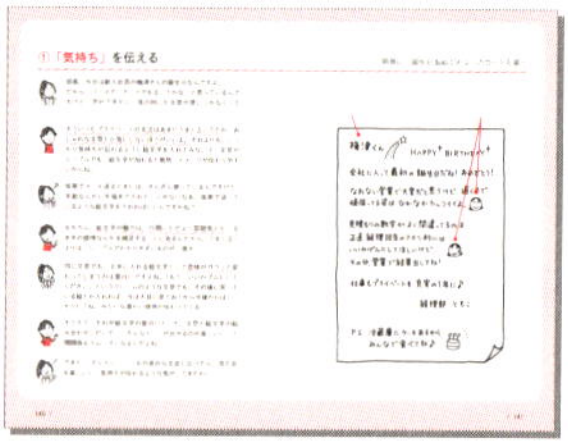

［実践編］
CHAPTER 7 ～ 8

絵文字の魅力、取得のコツを理解しよう！

「絵文字」と聞いて、皆さん何を思い浮かべますか。最初に浮かんでくるのは携帯メールのデコレーションではないでしょうか。ビジネスと絵文字。一見すると何の関係もなさそうですが、絵文字は「コミュニケーションを円滑にする」「記録・伝達の効率性を高める」「複雑で微妙なニュアンスを表現する」と、ビジネスを大きく変えるツールです。

絵心ゼロでも大丈夫！　絵文字の基本

「絵を描くのはちょっと苦手……」「私は絵心ないから」と、絵を描くことに対して苦手意識を持っている人はたくさんいます。でも大丈夫です。安心して下さい。本書でご紹介する「絵文字」に、正確さは必要ありません。「ものの特徴と輪郭だけをとり上げる」がルールなので、誰にでもカンタンに、すぐ描けるようになります。

絵文字を使って、情報整理をしてみよう！

ここからは応用編。基礎編でご説明した絵文字に、「記号」「略号」「図」を加えて、情報を整理していきましょう。絵文字の役割は、「情報をシンプルに、わかりやすくする」こと。「記号」や「略号」を使いこなすことで、あなたは「絵文字マスター」の称号を手に入れることができます。

シーン別　絵文字の活用事例

さぁ、最後の仕上げです。あなたのノート・手帳・メモに絵文字を入れてみましょう。会議、商談、日常会話の内容を絵文字にしてみましょう。こんがらがった複雑な話を、シンプルに、わかりやすくまとめる力がつきます。

CONTENTS

あなたの仕事と人生を変える「絵文字」の魔法 ……004
箇条書きノートを「絵文字ノート」に変えよう！ ……006
本書の使い方 ……010

理論編

CHAPTER 1 「ビジネス絵文字」で３つの力を手に入れる

世界は絵文字であふれている！―① ……020
「公共施設での標識、機械の操作アイコン」編

世界は絵文字であふれている！―② ……022
「図解の補助アイコン」編

世界は絵文字であふれている！―③ ……024
「メールの絵文字」編

「ビジネス絵文字」で３つの力を手に入れる ……026
言葉の壁を超え、誰もが理解できる小さな絵記号

右脳と左脳のコラボレーション！ 脳がどんどん活性化 ……028
絵文字を描くと、脳がスパークして元気になる

絵文字が書けると、手間をかけずに情報整理！ ……030
絵が苦手でも、わかりやすいスケッチは描ける！

オリジナル絵文字を描くコツ―① ……032
特徴だけを残して、正確さを捨て去る

オリジナル絵文字を描くコツ―② ……036
なるべく少ない文字数や画数で代用する

オリジナル絵文字を描くコツ―③ ……038
携帯電話の絵文字やPCのアイコンを参考にしてみる

ビジネス現場での活用シーン ……040
メモやノートだけではなく、さまざまなシーンで活用できる

基礎編

CHAPTER 2

絵文字入門! 人の感情や動きを表す

表情① 喜怒哀楽 ……044
人の表情をメモに加えれば、微妙なニュアンスを残せる

表情② つけ足しで微妙なニュアンス ……046
ワンポイントを加えるだけで、表情が七変化

体のパーツ ……048
体の部位は、その機能を示す場合にも使える

スポーツ、体を動かす ……050
折れ線だけで、日常動作を表すことができる

体の動きは骨格に注目 ……052
骨格のラインだけでキレイな動作アイコンを描く

生き物 ……054
動物を擬人化させれば、いつもの文書がフレンドリーに

フキダシと感情記号 ……056
ポイントとなる部分にコメントを加えるとわかりやすい

CHAPTER 3

ノート・メモが楽しくなる! 厳選絵文字を一気に紹介

家にある身近なもの ……060
自宅にあるものを見渡して描いてみよう

家電製品 ……062
家電は形だけでなく、機能に着目すると描きやすい

オフィスの設備 ……064
オフィスでよく使う備品をピックアップして観察してみよう

コミュニケーションツール ……066
今どきのコミュニケーションアイテムをおさえる

メディア、記録媒体 ……068
ビジネス文書でも活躍する絵文字たち

ボタン、各種操作 ……070
万国共通の操作ボタンは覚えておくと応用範囲が広い

ビジネス文書、データ ……072
同じ文書でも目的に応じて描き分けよう

理論編

危ないもの、注意喚起 074
瞬間的に危険を知らせることが大事

インターネットのサービス 076
主要なクラウド、SNSのアイコンをじっくり観察

CHAPTER 4 絵心ゼロでも大丈夫！ ニュースを絵文字で整理する

地図① 世界と日本 080
交通の要所をおさえれば、見なくても描ける

地図② 建物、公共施設 082
目的地までのアクセス情報に、目印となる建物が欠かせない

地図③ 施設内の標識 084
よく利用する施設の標識をデパートなどでしっかり観察

個人と法人 086
個人と法人、大企業と中小企業などをどう描き分けるか

移動と交通 088
旅行や出張の予定を図解してみるとリアルにイメージできる

お金 090
ビジネスモデルを描く時に欠かせない

時間とスケジュール 092
ビジネスでもプライベートでも時間管理は、重要項目

天候 094
天気予報で見慣れているけど、描けるかな？

楽しみ、エンターテインメント 096
デートやお出かけなど、お楽しみイベントを手帳に書きこもう

応用編

CHAPTER 5 記号・略号を使いこなして、情報をよりシンプルに！

情報の整理に数字を使う 100
1、2、3と情報のかたまりごとに番号をつける習慣を

量を表す大きな数字、小さな数字 102
ミクロの世界から、天文学な世界まで

大きさをイメージさせる 104
怖いのは知らないから。数字の実感がわけば、冷静に対策がとれる

比較するための数学記号 106
統計は苦手……、という人もこれだけはおさえておこう

略号が使えるとカッコイイ！ 108
いつもの予定に略号を使うと、できるヤツに見えてくる

ビジネスでよく使う略号 110
事業計画やプロジェクトを進めるときに使える略号たち

チャットやTwitterでよく使う略号 112
限られた文字数で、より多くの情報を

世界共通の標準コード 114
国名や空港名など、世界共通の略号が結構ある

CHAPTER 6 できる人がやっている「図」で考えるテクニック

図形を描くウォーミングアップ 118
基本的な線が描ければ、絵のセンスは不要！

すべての基本となる図形 120
図解メモの最小単位。名称やアイコンを入れて1つの要素に

図形を結ぶ線と矢印 122
四角形をむすぶラインで、お互いの関係性を示すことができる

グラフの表現いろいろ 124
目的に応じてデータの大きさや変化を可視化する

グラフの活用例 126
かんたんなグラフにキーワードを加えれば立派な説明資料

トレンド、流れ 128
全体的な方向性がどっちを向いているのか？

応用編

ビジネスフレームワークを身につける……130
形に着目すればフレームワークもパターン化できる

6つの型で覚えるビジネスフレームワーク①……132
オーソドックスで応用範囲の広いツリー型とマトリックス型

6つの型で覚えるビジネスフレームワーク②……134
手続きの流れを示すプロセス型、何度も循環するサイクル型

6つの型で覚えるビジネスフレームワーク③……136
サテライト型、各種グラフを活用したフレームワークも定番

実践編

CHAPTER 7 実践！　9つの例題を絵文字メモにしてみよう

①「気持ち」を伝える……140
同僚に「誕生日おめでとう」のカードを書く

②「会議」をまとめる……142
「社員旅行どこへ行く？」の議論

③「提案」をまとめる……146
「1枚企画書のラフ」

④「アイデア」をスケッチする……148
新製品の企画アイデア「iPhone放射能測定器」

⑤「文章」をまとめる……152
「ニュース記事の書き方」のコツ

⑥「予定」を書き込む……154
効率的なだけでなく、楽しい予定表をつくる

⑦「商談」をメモる……158
顧客ヒアリング「投資家向け説明会のサポート」

⑧「プレゼン」の構想をまとめる……162
経費削減の問題解決に挑戦！

⑨「人生の夢」を描く……166
「価値観マップ」でモチベーションをキープする

実践編

CHAPTER 8 絵文字ノートを持ち歩こう!

描いた絵文字ノートを持ち歩く……172
手描きが一番、でも活用するときはデジタルが便利

［資料編］絵文字ノートのクラウド化……174
手描きメモをデジタル化する３つの方法

絵文字ノートをプロジェクターで映し出す……180
参加者全員で効率的に情報整理と共有

［付録］スマートフォンで持ち歩こう!　使える絵文字81……182

絵で記録し、考え、伝える８冊……192
絵文字の力を磨くオススメ本

あとがき〜残念な人にならないための処方箋……196

イラスト…ケン・サイトー ● デザイン…吉村朋子 ● ＤＴＰ…佐藤麻美・吉村朋子

CHAPTER 1

「ビジネス絵文字」で ３つの力を手に入れる

「絵を描く＝遊び」と頭の固い人は考えるものです。しかし、絵によるコミュニケーションは、知的生産性を飛躍的に高める手段の１つ。こんな素晴らしいツール、ビジネスに活かさない手はありません。
必要なのは紙とペンだけ。さあ、始めましょう！

世界は絵文字であふれている！—①

万国共通の標識のおかげで、はじめての場所でも迷わない

言葉のまったくわからない国の空港に降り立っても、搭乗口や荷物のピックアップ場所がわからなくて迷うことはありません。中国語、韓国語、アラビア語、ロシア語……何語で書かれていようが、心配は不要です。なぜなら、公共施設の多くは、万国共通のサイン（絵による標識）で示すことが多いからです。

ほとんどの人がその国の言語がまったくわからなくても、絵文字だけを解釈して、目的地に到着することができます。こうした公共サインは空港に限らず、駅、地下街、美術館、大型ショッピングセンターなど、あらゆるところで共通して使われています。

アイコンのおかげで、はじめての装置でも操作に迷わない

身近な電子機器のボタンやソフトウェアのアイコン。私たちは、初めて操作する装置でも、操作マニュアルを読む必要はありません。それは、「アイコン」と呼ばれる絵文字が、どのような機能かを示しているからです。それが海外製品であっても、ソフトウェアの設定言語が外国語であっても、私たちは操作にそれほどとまどうことはありません。

つまり、公共のサインや電子機器の操作アイコンなどの絵文字は世界共通であり、人種や言語に関係なく、誰もが理解できるように共通したイメージで作られているのです。誰もが共通でイメージできるもの、これを効率性を重視するビジネスシーンで利用しない手はありません。

「公共施設での標識、機械の操作アイコン」編

はじめての場所、機器でも迷わないのは、共通の標識があるから

クアラルンプール国際空港のサイン。上が出発ゲート、下には、トイレ、身障者用施設、イスラム教の祈りの部屋、レストラン、電話、ATM、託児部屋などが示されています。言語の壁を越え、誰もが目的地にたどりつけるように、こうした公共機関には絵文字が多用されています

たとえば、オーディオプレイヤ。誰でも、どのボタンが再生で、どのボタンが一時停止かはわかります。一般的な電子機器の操作は万国共通です。マニュアルを読まなくても操作ができるように共通の絵文字が用いられています

世界は絵文字であふれている！―②

提案書やレポートをスッキリ見せるアイコンたち

複雑なビジネスモデルやサービス形態、業務フローなどは、言葉で伝えるには限界があります。全体の流れ、関係性を図解で示すべきです。図解では、各要素を線や矢印でつなぐことで、見る者に、直感的に全体像を伝えることができます。

最近では、そうした説明図解に洗練されたアイコンを使っている提案書や報告書などを見る機会も多くなりました。文字で「パソコン」「ユーザー」と説明しなくても、パソコンや人マークがあれば説明が省けるだけでなく、視認性が高まり、全体をすっきり見せることができます。すっきり見せることができれば、それだけ一番伝えたかったメッセージを強調できるということです。このように図解と絵文字があれば、多くの言葉を尽くすよりもはるかに魅力を雄弁に伝えることができます。

高品質の無料アイコンがたくさん手に入る

いまや無料のアイコン配布サイトに行けば、実にバラエティに富んだアイコンを入手することができます。たとえば、米国のアイコン検索サイト『IconFinder』では、キーワード検索やアイコンのサイズなどを指定すれば、高品質で目的にあったアイコンを手に入れることができます。検索フィールドに「user」と入れて検索すれば、百種類以上のさまざまな人物アイコンから好きなものを選ぶことができるのです。また、こうしたプロの作成したアイコンは、メモやノートに自分で描くときのお手本になります。

「図解の補助アイコン」編

図解と絵文字があれば、言葉を尽くすよりはるかに魅力的

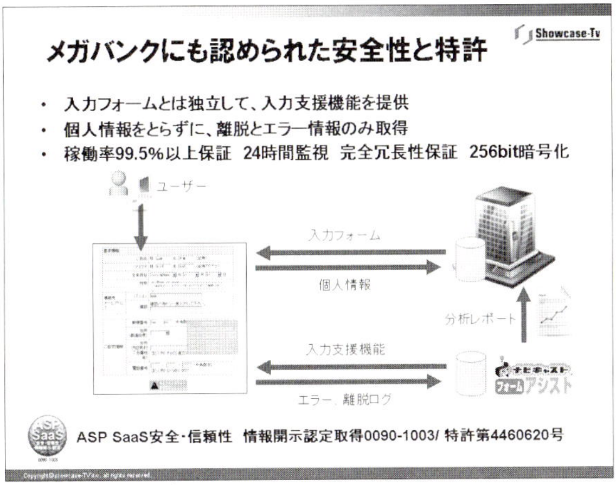

Showcase-Tv
メガバンクにも認められた安全性と特許
・入力フォームとは独立して、入力支援機能を提供
・個人情報をとらずに、離脱とエラー情報のみ取得
・稼働率99.5%以上保証　24時間監視　完全冗長性保証　256bit暗号化
ユーザー
入力フォーム
個人情報
分析レポート
入力支援機能
エラー、離脱ログ
ナビキャスト
フォームアシスト
ASP SaaS安全・信頼性　情報開示認定取得0090-1003/ 特許第4460620号

上記のようなサービス提供形態やネットワークのしくみは、図解なしでは伝わりません。ユーザー(利用者)、サーバー、提供会社などの要素が絵文字で表されれば、全体がすっきりまとまるだけでなく、文字によっていちいち注釈を入れなくとも直感的に理解することができます

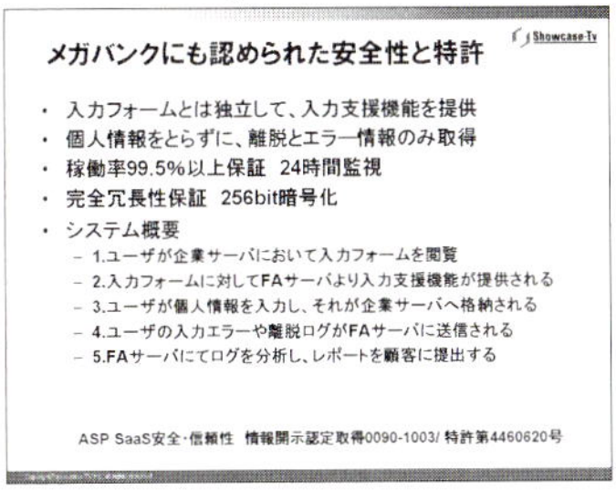

Showcase-Tv
メガバンクにも認められた安全性と特許
・入力フォームとは独立して、入力支援機能を提供
・個人情報をとらずに、離脱とエラー情報のみ取得
・稼働率99.5%以上保証　24時間監視
・完全冗長性保証　256bit暗号化
・システム概要
– 1.ユーザが企業サーバにおいて入力フォームを閲覧
– 2.入力フォームに対してFAサーバより入力支援機能が提供される
– 3.ユーザが個人情報を入力し、それが企業サーバへ格納される
– 4.ユーザの入力エラーや離脱ログがFAサーバに送信される
– 5.FAサーバにてログを分析し、レポートを顧客に提出する
ASP SaaS安全・信頼性　情報開示認定取得0090-1003/ 特許第4460620号

図解や絵文字を排除した、箇条書き中心の提案書。文字のオンパレードではなかなかイメージがつかみづらいものです

世界は絵文字であふれている！—③

ドライな文字情報にウェットで人間くさいニュアンスを

私たちにとってもっとも身近な絵文字といえば、メールなどに挿入される絵文字ではないでしょうか。携帯電話、スマホ、PCなどデバイスにかかわらず、絵文字を挿入することで、文字だけでは表現できない微妙なニュアンスを伝えることができます。

通常、私たちが対面でコミュニケーションする場合、言語だけではなく、その場の雰囲気や相手の表情などをくみとりながら解釈をします。だから文字情報だけのメールでは、どうしてもそっけない業務連絡的なメッセージになりがちです。しかし、絵文字を要所要所に入れることで、こうした無機質でドライなイメージをなくし、ウェットで人間くさい、本来のコミュニケーションに一歩近づくことができるのです。

抜群のコミュニケーション円滑機能をビジネスで使いたい

このように、文字情報では伝えられない補足情報を付加するため、あるいは情報を整理して上手く伝えるために「絵文字」は不可欠です。しかし、これだけ有用な絵文字というツールを、コミュニケーション能力や効率性が望まれるビジネス現場で使わないのは、非常にもったいないことだと思います。

本書は、絵文字をビジネスシーンに生かすことで、より効率的に、より楽しく、成果を生み出すスキルを伝えたいと思います。

「メールの絵文字」編

絵文字があるから、ここまでメールに夢中になった

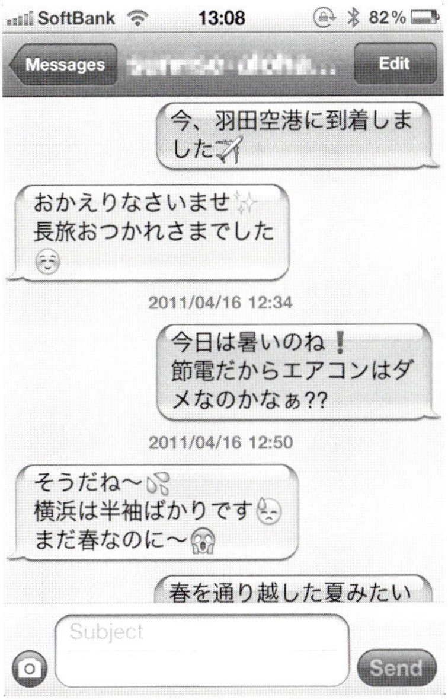

絵文字がメールの文中に挿入されることで、リアリティや微妙な感情が付加され、コミュニケーションもはずみます（iPhoneのSMS画面より）

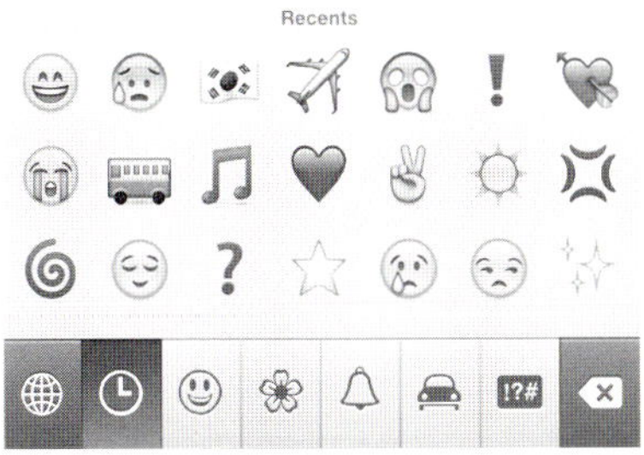

iPhoneの絵文字一覧画面。細かいデザインはともかく、一般的な絵文字は端末やキャリアの枠を越えて共通化されています。たとえば、Softbankのスマートフォンである iPhoneから送ったスマイルマークやハートマークであっても、ドコモやauのガラケーで正しく表示されます

「ビジネス絵文字」で3つの力を手に入れる

ビジネスパーソンにとってメリット満載の絵文字

絵文字は「情報の記録、整理、伝達」に非常に多くのメリットを持っています。本書はビジネスパーソンがそうした絵文字のメリットを享受できるよう、使い方、作り方などを解説しています。そうした絵文字を、あえて「ビジネス絵文字」ということにします。あらためて定義しますと、ビジネス絵文字とは、

①言葉の壁を越え、イメージできる共通の絵記号
②複雑で微妙なニュアンスを伝えるスケッチ
③読み手の理解をうながす図解、その補助記号

となります。「絵」とはいってますが、サイン、マークと言い換えられるくらいの、非常にシンプルなものです。シンプルですが、使えるようになれば、大変パワフルです。

仕事が楽しくなる、頭がよくなる！

私が以前に書いた『頭がよくなる図解思考の技術』『プレゼンがうまい人の図解思考の技術』は、いずれも情報をすっきり頭の中で整理するために、図を使う方法を提唱しました。

ビジネス絵文字は、情報を整理するだけでなく、より情報にリアリティーを与え、イメージしやすくなる効果を与えます。ビジネス絵文字がうまく使えるようになると、ほかの人にメッセージを効果的に伝えることができるようになります。ひいては、仕事自体が楽しくなること、うけあいです。

ビジネス絵文字は、仕事が楽しくなるための要素が満載

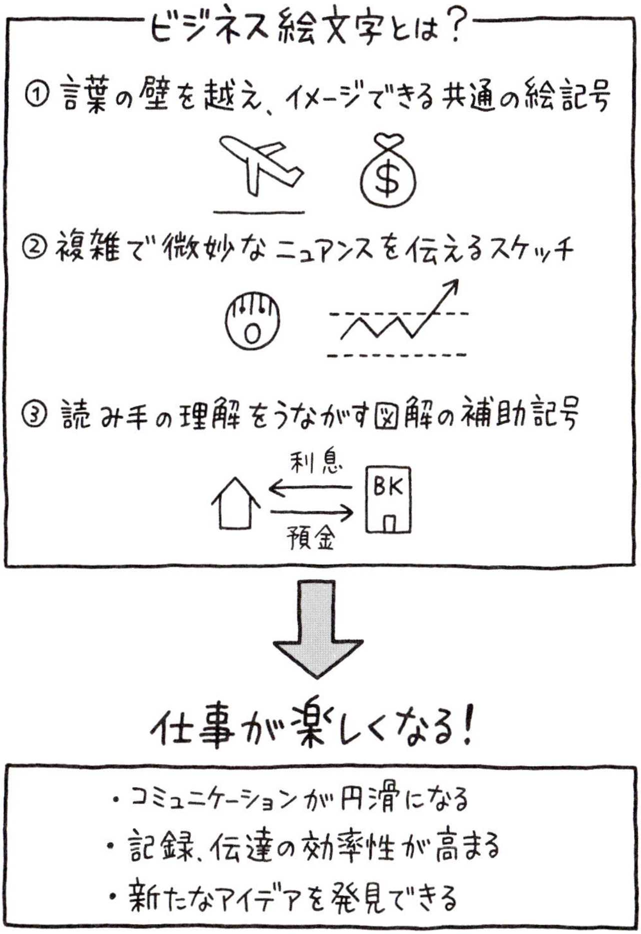
ビジネス絵文字とは？
① 言葉の壁を越え、イメージできる共通の絵記号
② 複雑で微妙なニュアンスを伝えるスケッチ
③ 読み手の理解をうながす図解の補助記号
利息
BK
預金
仕事が楽しくなる！
・コミュニケーションが円滑になる
・記録、伝達の効率性が高まる
・新たなアイデアを発見できる

右脳と左脳のコラボレーション！
脳がどんどん活性化

千数百億個のニューロンを元気にするためには？

私たちの脳には千数百億個の神経細胞があり、ニューロンと呼ばれています。このニューロンは、ほかのニューロンから情報を電気信号として受け取り、さらに別のニューロンに電気信号を伝えます。この電気信号の流れが活発なほど、人の脳は活性化し、処理能力が向上するのです。難しい問題を考えたり、高度な思考をすることは脳にとって欠かせない運動であり、それを怠ると不要なものと見なされて死滅していくのです。20歳を過ぎた人は1日あたり平均10万個（！）ものニューロンが死滅しているといわれてます。

異なる機能を組み合わせると脳が活性化する

私たちの左脳は言語（いわゆる文字情報）をつかさどり、右脳は映像や音など非言語情報をつかさどります。

冒頭にご紹介した箇条書きノートは、主に左脳で処理されますので、右脳はあまり働きません。けれども、絵文字を描くという作業は、「文字情報」を「絵」に変換するため、左右の脳が連携して処理作業を行なうわけです。

学習、思考時に「絵文字を描く」という習慣をつけることで、脳の異なる機能が同時に使われ、より脳は活性化します。

論理だけでなく見た目の印象、数値だけでなく空間的把握、文字だけでなく映像や画像を組み合わせることで、脳の処理能力は格段に向上し、頭がよくなるのです。

異なる機能を受け持つ左右の脳が連携して情報を処理する

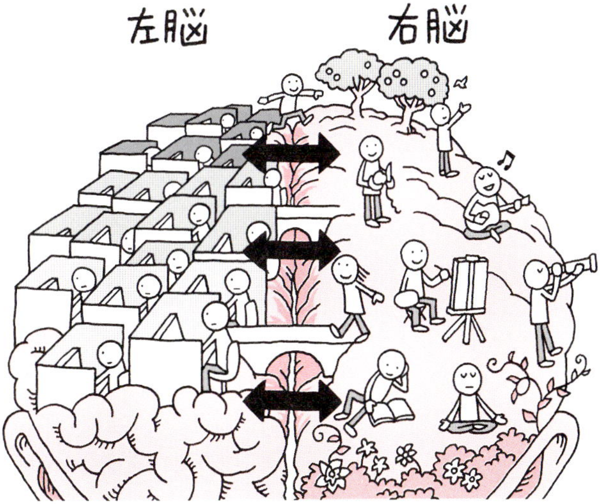

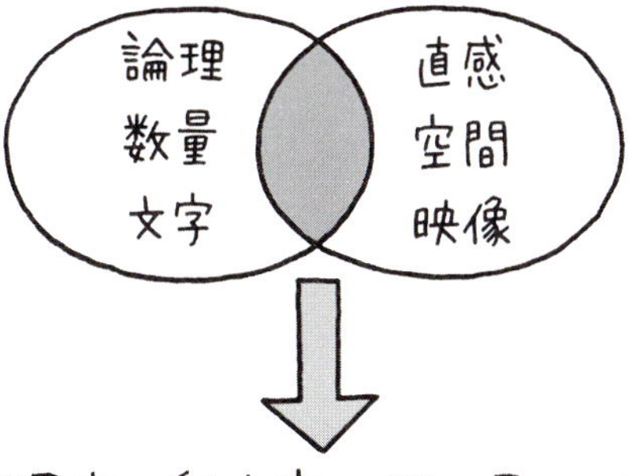

図解思考や絵文字は脳の異なる機能を
同時に使うから、処理能力が格段に向上！

絵文字が書けると、手間をかけずに情報整理！

小さく使っても、大きく使っても絵文字は万能！

絵文字は万能です。小さく使えば、テキストの代替や補助情報として、全体像を理解するのに役立ちます。

一方で、絵文字を大きく使うと、かんたんな解説用のスケッチを描くこともできます。スケッチといっても、特段、精密に描く必要はありません。小さく描いていた絵文字をただ大きくするだけでいいのです。そして、そこにさまざまな情報を追加するだけで、見事な図解になるはずです。

同じ魚の絵文字でも、描くサイズで意味が異なる

たとえば、右上の「魚が消費者に届くまでの流通経路」では、魚の絵文字は「魚」全体を示す記号として使われています。全体の中で同じ魚の絵文字が使われていれば、どこに魚が使われているか、すぐに発見することができます。

一方、右下の「マグロの部位説明」では、魚アイコンをただ大きくしただけですが、ここではマグロという特定の魚を示しており、絵文字の中に部位名を書き込むだけで、立派なマグロ解剖図になります。

「大きい絵＝精密になる」と考えてはダメ！

「絵を描くことは難しい」と考えている人は、正確に書かなくてはいけないと思い込んでいる人です。しかし、プロの絵描きでもない限り、私たちにとって絵を描くということは、なるべく手間をかけずに、わかりやすく、情報を整理するということなんです。

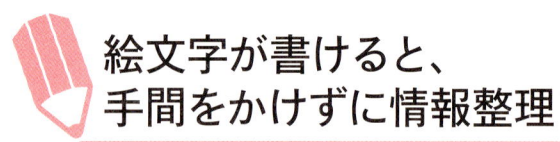

小さく使えば補助情報。大きく使えばラフスケッチ

そのまま使えば…

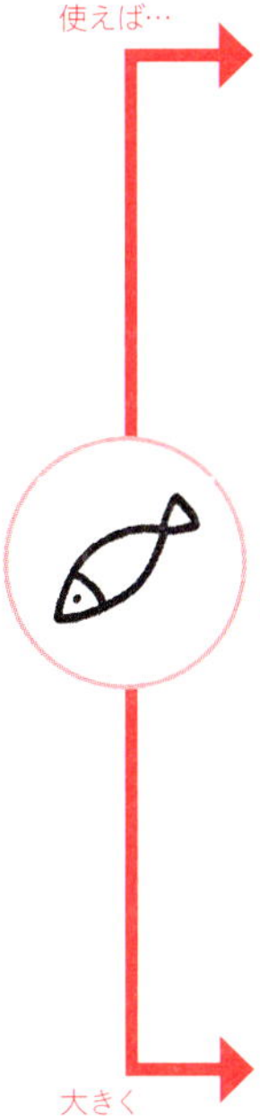

●魚が消費者に届くまでの流通経路

※補助情報としての使い方

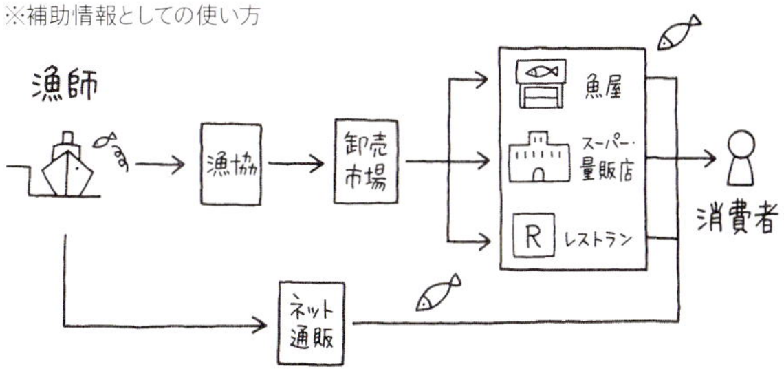

魚アイコンを小さく使う。上の図は、猟師が魚を獲って、どのように消費者に送られるのかを可視化したものです。魚のアイコンは、あくまで「魚」という文字に変わるものとして利用されています

●マグロの部位説明

※ラフスケッチとしての使い方

魚アイコンを大きく使い、アイコンに対して補助情報を加えると、ラフスケッチとして利用することもできます

大きく使えば…

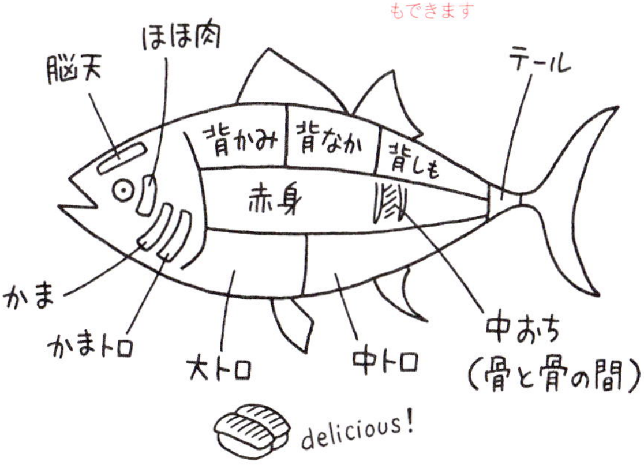

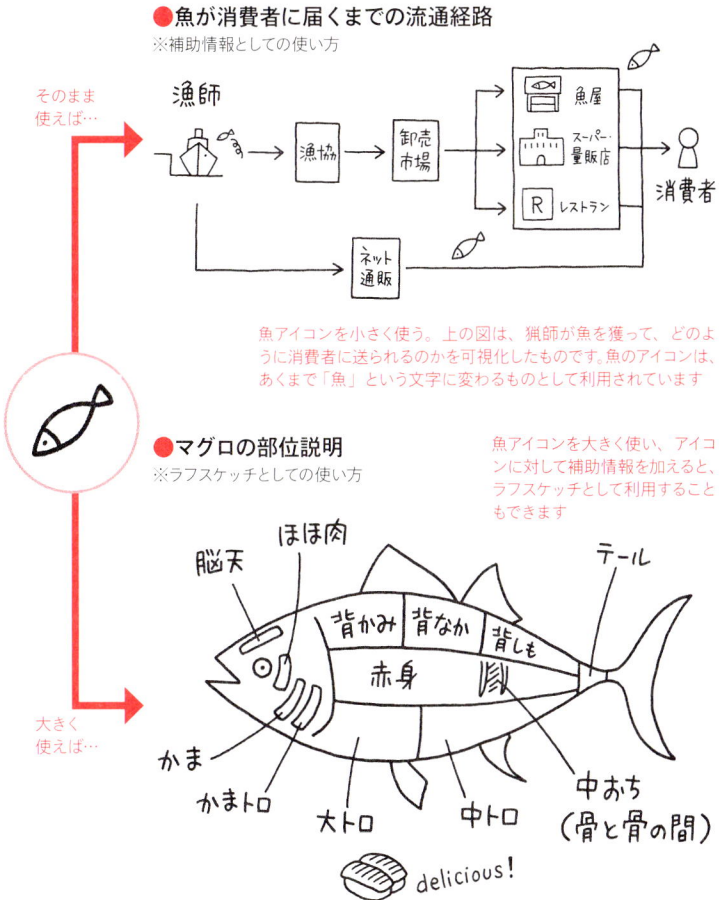

オリジナル絵文字を描くコツ—①

正確さが問題ではない

正確な日本地図

絵文字の場合は日本ということがわかればＯＫ

絵文字は、文字であって絵ではありません。正確なイメージを伝えるのではなく、文字の補完として利用するものです。ですから、正確さよりも効率性、見た目で意味さえ伝われば、それでOKです

ここでは、みなさんが自分なりに絵文字を描くコツをいくつか紹介したいと思います。ポイントは「うまく描こうとしない」ことです。

絵心ゼロでも大丈夫！

文字で書くよりも同じ情報量を伝えるために、時間がかかるのであれば、本末転倒。なるべくさらっと描け、絵心など関係なく誰にでもできることが重要です。そのためにも、なるべく少ない線や単純な図形の組み合わせで描くことが大事です。

ものを観察し、輪郭と特徴パーツだけをとり上げる

少ない画数で描くのが大事とはいえ、ビジネス絵文字がその対象の特徴を表現していないとイメージがわきづらいものです。私は、ビジネス絵文字をより簡素な絵でリアリティのあるものにするために、対象物の「輪郭」と「特徴的なパーツを１つか２つ」残すことをオススメしています。

特徴だけを残して、正確さを捨て去る

絵文字のコツは、輪郭と特徴的なパーツを1つ、2つ残すこと

●ゲームコントローラ

「ゲーム」を表現するために、ゲームで使うコントローラを絵文字にします。輪郭が特徴的なので、まずはそこに注目します。

まずは、本物。よく見るとボタン類も多く、複雑ですね

見たままを絵にすると結構、画数も多く、面倒です。そこで、輪郭を一筆書きで描き、ボタンを少しだけ残します

ゲームのボタンは+が特徴的ですね。これだけでも立派にコントローラに見せるのではないでしょうか?

オリジナル絵文字を描くコツ―①

●かばんの場合

ここでは、ビジネスバッグ、ブリーフケースを描いてみます。もともとシンプルな形なので、すぐに描けるでしょう。

まずは、本物。真ん中にクラッチが、両側にベルトがついています。写真もやや斜めからですね

見たままを絵にしても十分シンプルですが、絵文字として使うには、もう少し要素をそぎ落としたいところ

左右のベルトを取り去り、正面を向かせて完成。取っ手とクラッチを特徴として残しました

特徴だけを残して、正確さを捨て去る

●ノートパソコンの場合

かばんと同じくらい毎日見ているパソコンですが、いざとなったら描けない人も多いようです。
仕事メモでも頻繁に出てくるアイテムですから、しっかり覚えておきましょう。

まずは、本物。単純な形ですが、キーボードの数も多く複雑です。ノートパソコンはあえて斜め俯瞰から描いたほうがわかりやすいです

見たまま絵にするとやはりキーボード部分が画数が多く面倒です。もう少し要素をそぎ落としたいところですね

キーボード部分を完全に省略してしまいました。それでも、ノートパソコンであることはわかります。絵文字としてはこのくらいシンプルなほうが使いやすいです

オリジナル絵文字を描くコツ―②

自分で思い出せれば暗号でも略号でもなんでもいい

描いたものが洗練されたものではなくても、それを理解し、後から利用できれば、絵はどのような形でもかまいません。場合によっては「自分なりの暗号」でもよいのです。

たとえば、私の中では「P」はいろんな意味を持ちます。太字のPを丸で囲めば駐車場（Parking）、文書アイコンで囲めばパワポの資料、人型アイコンで囲めばプロデューサ（Producer）といった具合です。絵文字は効率重視。同じ音声の単語でも前後の文脈から、どの言葉を意味しているのかをかぎ分けるように、自分で意味さえわかればいいのです。

人によって、必要な絵文字は違う

私は海外へ行くことが多いので、「お金」といってもそれが米ドルなのか、豪ドルなのか、はたまた日本円なのか区別が必要です。しかし一方で、お金といえば「日本円」という人もいます。同じ「お金」でも人によって区別の必要な範囲が大きく異なるということです。

こだわりのない人なら、お金＝￥マークでもかまいません。そうでない人は、現金なのかクレジットカードなのか、日本円なのか米ドルなのか描き分けが必要です。

つまり、一口に絵文字といっても、必要な細やかさは描く人のレベルや用途に応じて大きく異なるということです。誰もが同じ絵文字を描く必要はありませんから、本当に自分に必要な最低限の絵文字からスタートするのが気楽でいいと思います。

自分のレベルや用途に応じた描き分けをしよう

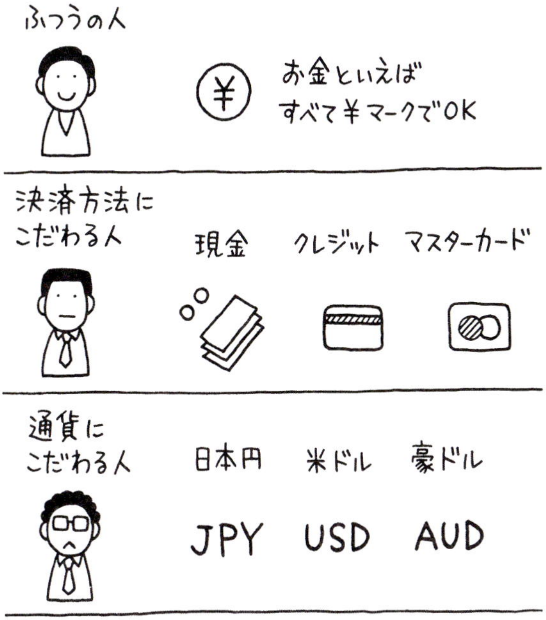
ふつうの人
¥
お金といえば
すべて¥マークでOK
決済方法にこだわる人
現金
クレジット
マスターカード
通貨にこだわる人
日本円
米ドル
豪ドル
JPY
USD
AUD

普通の人にとっては「お金」を区別する必要がなくても、ある目的を持った人は決済手段や通貨で区別する必要が出てくるでしょう。絵文字の描き分けは、描き手のレベルや用途に応じて大きく異なります。まずは、自分に必要な絵文字の種類だけを考えて、スタートすれば十分です

オリジナル絵文字を描くコツ―③

すぐれた身近なアイコンを参考にしてみる

絵文字にオリジナリティーは不要。すぐに描け、意味が伝わるものが優れた絵文字です。優れたサンプルはみなさんの身近にたくさんあります。携帯電話の絵文字、リモコンの操作ボタンなど、まずは身近な絵文字を見て、自分で使えそうなものを真似てみるとよいでしょう。

限られたドット絵の中に機能美が！

筆者も絵文字を始めたころは、携帯電話の絵文字をくまなくチェックしました。みなさんも、じっくり観察すると、あの限られたドット（画素）の中で実に多彩な表現があることに気づくはずです。少ないドットで描かれているということは、実際に手描きで絵文字を描くときも、少ない画数で効率的に描けるはずです。携帯絵文字の文化は日本が世界に誇れるすばらしいテクノロジーだと思います。

プロのアイコン集を真似てみる

企画書などに、プロの作成したアイコンを利用することがあります。現在は、さまざまなアイコンがネット上で無料配布されているのでとても便利です。ただしグラデーションやカラーリングなどがしっかりデザインされているものは、そのまま手描きにするには懲りすぎです。「どのようにアイコンを描けばいいかわからない」という場合の参考にとどめましょう。

アイコンまとめサイトの検索結果を参考にしてみる

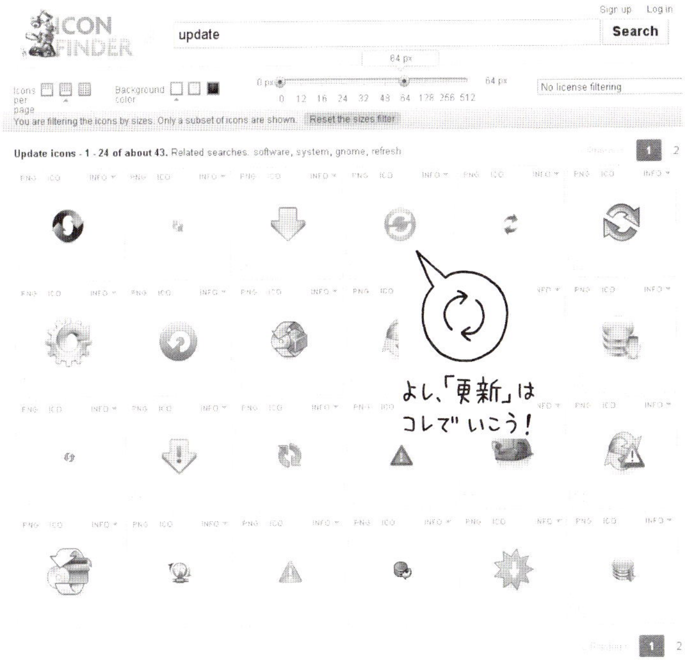

Iconfinderでは検索キーワードで、関連するアイコンをサイズ別にピックアップしてくれます。シンプルで手描きでかけそうなものを見つけ、参考にすればいいでしょう。上図は、「更新(update)」を意味するアイコンを検索した結果です。半円の矢印が2つ組み合わさったものが、一般的に「更新」「再読み込み」の意味として使われていることがわかります

ビジネス現場での活用シーン

絵文字がビジネスにおいて活躍するシーンは非常にたくさんありますが、大きく分けると次の4つとなるでしょう。

「記録」
手帳、ノートに使う

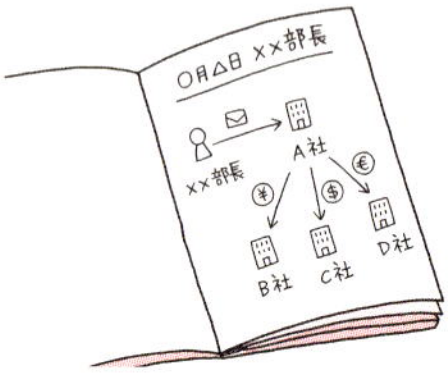

絵文字の一番の使いどころは、メモやノートです。いつもの箇条書きだけの文章ベースのメモをやめ、図解を有効活用しましょう。そのとき、基本図形とともに使われるキーワードが長かったり、画数の多い漢字の場合は、略号を使ったり、絵文字を活用するとさらに効率的です。

「伝える」
伝言、メールなどに使う

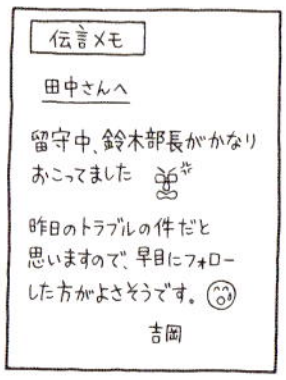

ビジネスコミュニケーションは平坦で、ドライになりがちです。かといって、気持ちを込めた文章を書くと、時間もかかるし、情報量が増えすぎます。特にビジネスで長文は避けたいものです。そんなときに、絵文字を差し込むことで、微妙なニュアンスや気持ちを伝えることができます。

「魅せる」
提案書に使う

最近の提案書には、ビジネス絵文字を使ったものが増えてきました。提案書で使うアイコンと自分でふだん描くアイコンを合わせておけば、ラフスケッチから図を起こす場合に、作業効率を飛躍的に高めることができます。

「共有する」
会議、商談の記録に使う

会議の議事進行者（ファシリテイター）は情報を出席者全員が理解しやすいように見える化するスキルが求められます。
そんなときに、字が汚い人（私もまさに、その１人です!）は、文字を書くよりも絵で描いたほうが出席者にも理解されやすい面があります。言葉というのは、人それぞれで定義が微妙に違うこともありますが、図と絵文字を活用すれば、齟齬《そご》が生じにくいというメリットがあります。

CHAPTER 2

絵文字入門！人の感情や動きを表す

人の感情や動きはなかなか、文字で表現するのが難しいものですね。それでも、そうした情報を省いてしまうと、微妙な雰囲気やリアルなイメージが伝わらなかったりします。
ヒトの感情や動きを手間をかけずに、よりリアルに伝えるにはどうしたらよいでしょうか。

表情① 喜怒哀楽

平静時の人の表情。逆にこんな表情の人は怖いですね(笑)

描き方のコツ

表情アイコンは基本的に目と口だけでＯＫです。鼻は感情によって変化しないからです。目は点、弓形、つり上げの３種、口は横とじ、笑い、への字と、口を開けた４種もあれば十分。あとはその組み合わせでいろんな表情をつけていくことができます。

喜び系

おだやか

好感触

すごい盛り上がり

怒り系

なんかやばい雰囲気

クレーム。口が開いた!

激怒。さらに口が開く!!

哀しみ系

困ってる

つらい、悩んでる

号泣。涙に加え、口が開いている

さらに楽しく

●ヘアスタイルのバリエーション

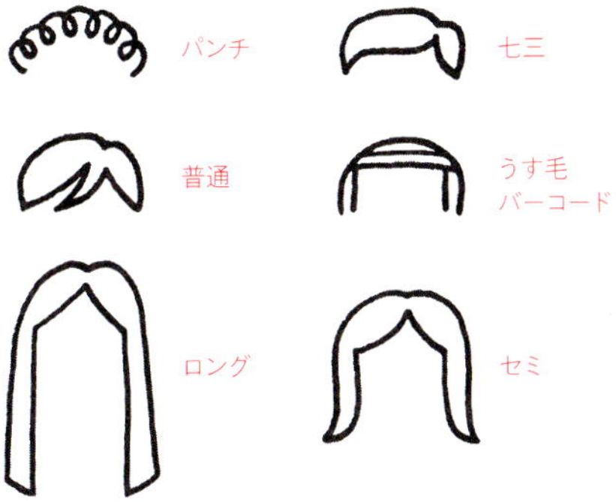
パンチ
七三
普通
うす毛
バーコード
ロング
セミ

手間のかかる顔のディテールを描き込まない代わりにヘアスタイルを手がかりにするといいでしょう。あまり最近はパンチの人はいないのかもしれませんが(笑)

●特徴的な部分を誇張する

ヘアスタイルと合わせて、顔文字を誰かに似せたいときには、特徴的な部分を実物以上におおげさに描くと雰囲気が出ます。本人にはくれぐれも見せないように

●顔の形を誇張する

顔の形も重要な手がかりになります。卵型、四角、下ぶくれ、頬がこけてる、などです。これにヘアスタイルを組み合わせれば、似顔絵アイコンとしては完璧です

表情②
つけ足しで微妙なニュアンス

描き方のコツ

普通の表情につけ足すだけで
まったく異なるニュアンスが
出せます

あせる表情の場合には、目や口の形を変えるよりも、ひとすじの汗をつけ足すだけで表現することができます。このように目と口の形に、ちょっとした小道具を加えるとさらに表情のバリエーションを増やすことができます。あなたなら、どんなつけ足しを考えますか？

あせり系

暑い、やばい、
緊張

いえ、そういうこと
じゃなくて…

めちゃくちゃ
忙しい。
汗がとびちってます

驚き系

ほう、そうだったのか。
目が開きます

ガーン！
マジ？？

もうダメ。
おれ、死ぬ

そのほか

やったね

大好き
〜に目がない

眠い…

使ってみよう

●新卒面談時のメモ

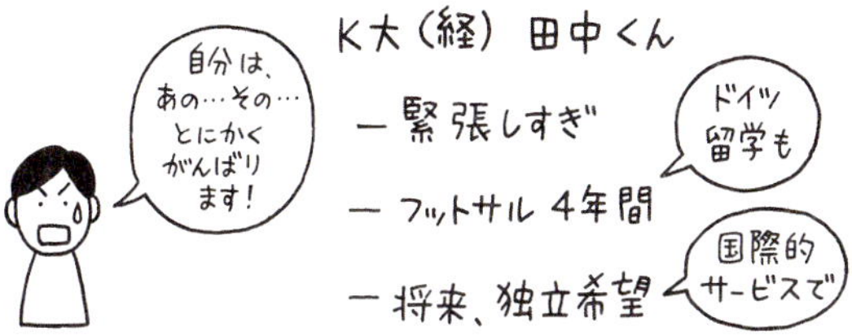
K大（経） 田中くん
自分は、あの…その…とにかくがんばります！
ー緊張しすぎ
ドイツ留学も
ーフットサル 4年間
国際的サービスで
ー将来、独立希望

筆者は新卒の面談では実に多くの学生さんに会うので、後で思い出せるように、そのときの表情をサラリと描き、印象的な発言をふきだしで残すようにしています

●クライアント訪問時のメモ

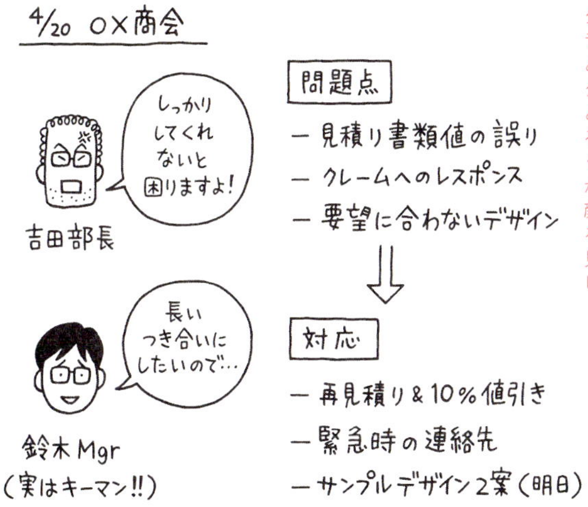
4/20 ○×商会
しっかりしてくれないと困りますよ！
吉田部長
問題点
ー見積り書類値の誤り
ークレームへのレスポンス
ー要望に合わないデザイン
長いつき合いにしたいので…
鈴木Mgr
（実はキーマン!!）
対応
ー再見積り＆10％値引き
ー緊急時の連絡先
ーサンプルデザイン2案（明日）

クレームのあったクライアントを訪れたときのメモですが、クライアントのそのときの感情が伝わるようにメモしておくとその場の空気が伝わります。似顔絵描いているところをクライアントに見破られないようにしましょう（笑）

体のパーツ

顔のパーツ

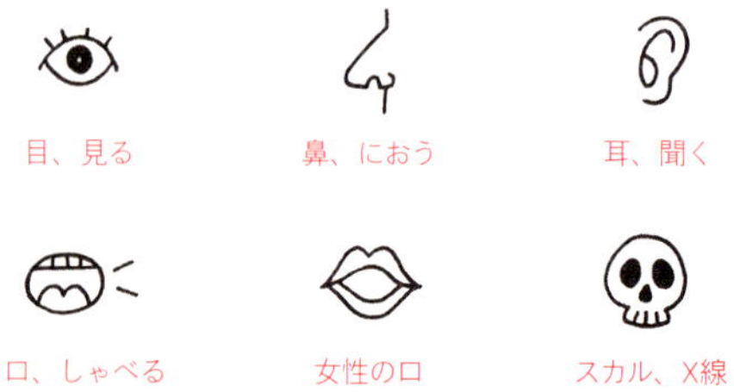

目、見る
鼻、におう
耳、聞く
口、しゃべる
女性の口
スカル、X線

体の中

脳、考える
胃、消化する
肺、呼吸する

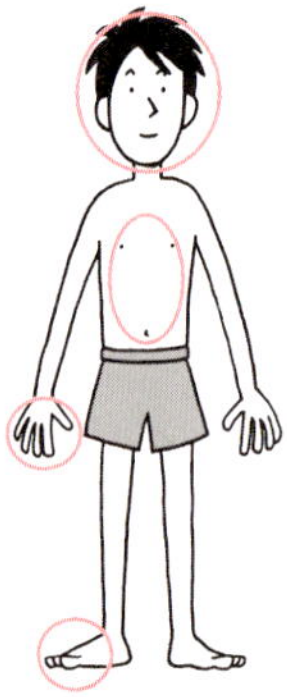

手のバリエーション

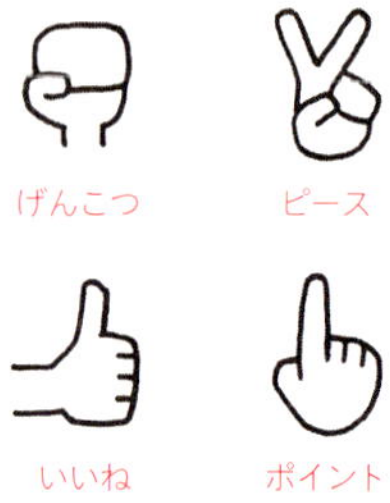

げんこつ
ピース
いいね
ポイント

足のバリエーション

足、歩行
足跡

描き方のコツ

表情とは別に、体のパーツをとり出してアイコン化すると、そのパーツの持つ機能を表すのに便利です。たとえば、「におう」というアクションをアイコン化するのであれば、それを担う器官（すなわち鼻）を絵にするのが一番てっとり早いのです。

使ってみよう

●ホムンクルス〜脳の部位と機能の関係

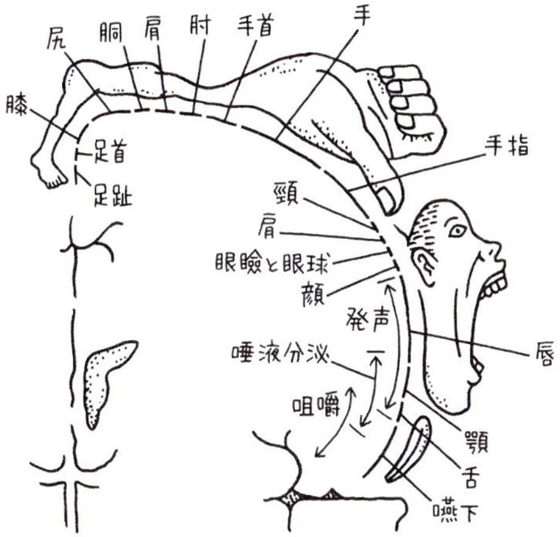
尻
胴
肩
肘
手首
手
膝
足首
足趾
手指
頸
肩
眼瞼と眼球
顔
発声
唇
唾液分泌
咀嚼
顎
舌
嚥下

カナダの脳神経外科医、ペンフィールドが 電気刺激の実験により、大脳皮質の場所と体のどこの部分につながっているのかを、図で明らかにしたものです。あえて体の部位を絵にして表現したことで、強烈なインパクトを与えました

●複数の視点から考える

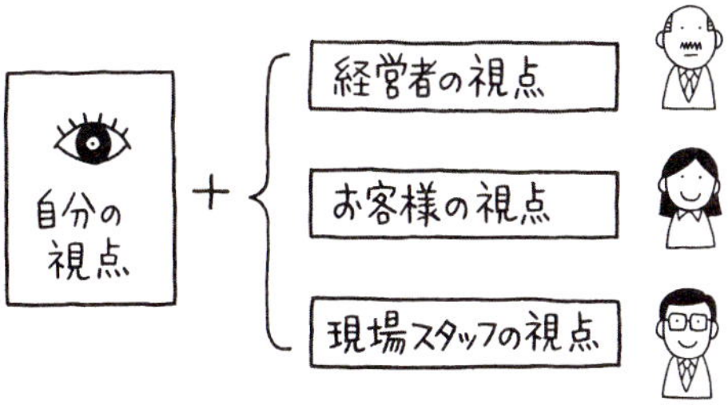
自分の視点
+
経営者の視点
お客様の視点
現場スタッフの視点

複数の視点からビジネスを見つめなおす癖をつけておくと、バランスのとれた戦略を立てることができます。筆者は「視点」を示すときに、上記のような目のマークを使うことが多いです

スポーツ、体を動かす

描き方のコツ

サッカー遊びをする。
体のラインは折れ線、
頭は円でOK

スポーツの絵文字には、2タイプの描き方がありますよ。1つはヒトの動き、もう1つはボールやラケットなど道具を描く方法。道具に特徴のないスポーツではなるべく体のラインを描くほうがラクですし、慣れると応用が利きます。

体のラインの角度さえ雰囲気が出ていれば、頭はただの円、体のラインは折れ線表現でかまいません。

ジム系の主な運動

走り、
ランニングマシン

水泳、プール

バーベル、筋トレ

サイクリング

球技

野球

テニス

卓球

サッカー

ゴルフ

使ってみよう

●ゴルフやジョギングの予定を入れる

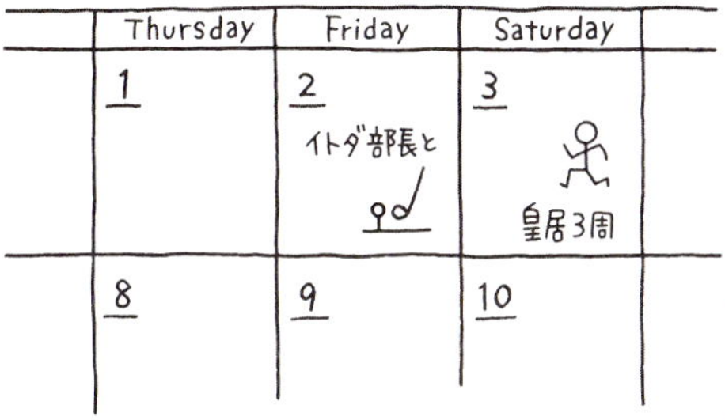
Thursday
Friday
Saturday
1
2
3
イトダ部長と
皇居3周
8
9
10

手帳に楽しいイベントの予定を絵文字を使って入れましょう。スポーツを表すときは、道具か人の動きがポイントです

●アスレチックイベントの案内図

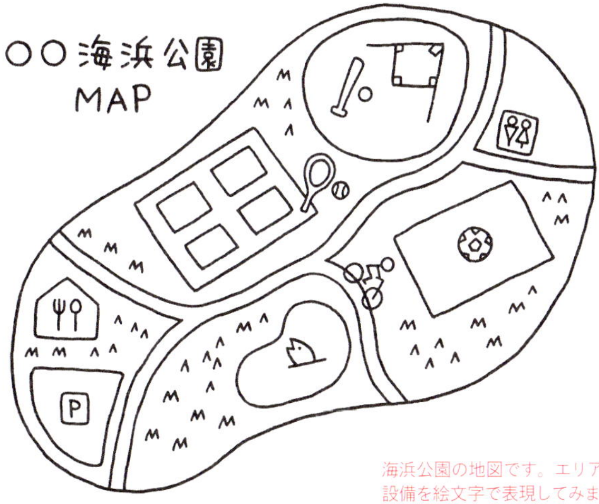
○○海浜公園
MAP
P

海浜公園の地図です。エリアごとのスポーツ設備を絵文字で表現してみました

体の動きは骨格に注目

スケルトン（骨格）をデフォルメする

描き方のコツ

人の動きをかんたんに表すことができれば、スポーツだけでなく日常的な動きをリアルに絵文字で示すことができます。カンタンに、なおかつ正確に動きを表すコツは、「骨格」を意識することです。

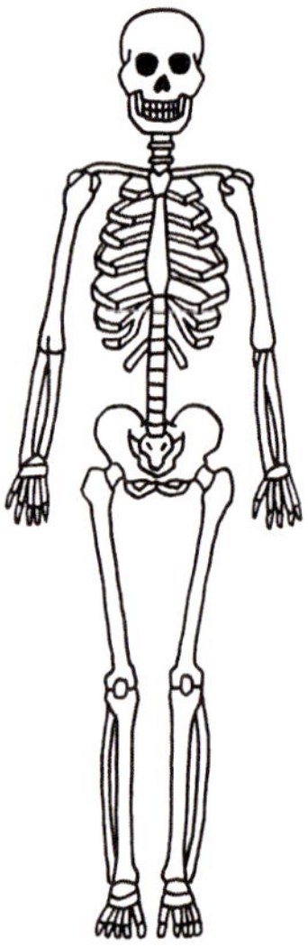

人間の動きは基本的には骨格の動きで表されます。しかし、実際の骨格はこんなに複雑。絵で表現するには時間がかかります

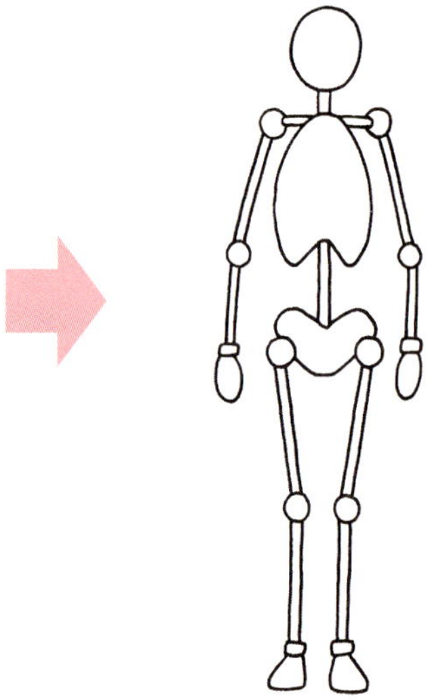

骨格のうち、表面的に出てくるヒトの動きに影響する部分だけを残しました。骨盤はハート型、肋骨部分は逆ハート型で、肩はやじろべえのようになっています。間接部の数も覚えておきます

スケルトンの位置を動かして、人の動きをつくる

描き方のコツ

左のなんちゃってスケルトンを動かせば、ヒトの動きをかんたんに表現することができます。骨格から考えているので、自然でリアルな表現が可能です。

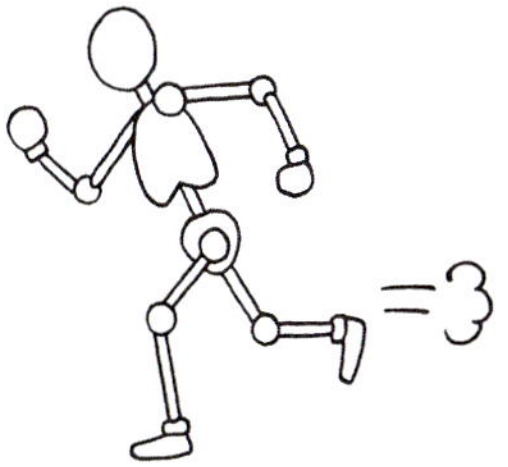

走る。腕のふり、足の踏み込みに合わせて、後ろに勢いを現すマークをつけると、よりリアル

実際に絵文字として描く場合は、骨格を意識しながらも、線のみで表現すればOK

よっぱらい。骨盤は開き、左手でつっぱっている。やじろべえの肩が、それによってそり上がっている点がポイント

左のような骨格を意識していれば、線で描いてもリアル

生き物

描き方のコツ

生き物は形が特徴的ですが、必ずしも全身を描く必要はありません。全身を描くと時間もかかりますし、輪郭が難しいので、なるべく顔だけで済ませましょう。特に、犬や猫などはよく使うものは、サラリと描き分けられるようにしておくこと。わたしの場合は、犬と猫の違いはヒゲだけです。本当は犬にもヒゲはあるのですが、目立たないですからね〜。犬の場合は、むしろ鼻を目立たせましょう。

犬。鼻と口元のWが決め手です

お怒りモードは目のラインで表現しましょう

猫。意外ですが、決め手はヒゲだけ

豚は鼻がポイント。全身描くなら、尻尾のクルリンとした形も入れましょう

馬。全身描くのは大変そうなので、タテガミと口輪でそれらしさを演出してみました

普通の鳥。なんだかTwitterアイコンに似ています

卵。そして、それを産む鶏。卵は割れていなくても、ヒビが入ったほうがリアルに見えます

パンダはやはり、目のまわりを黒く塗りつぶすほかありません

使ってみよう

●節電のお知らせ　～社内ポスター

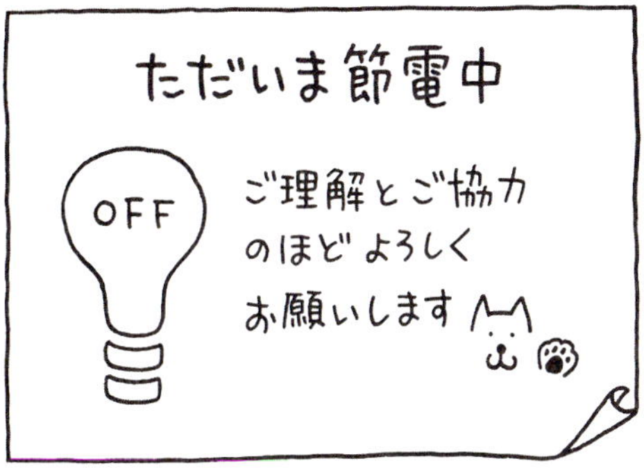

節電ポスター。メッセージが伝わるように、犬のマークでソフトな印象にしました。実際に、これに近いポスターをソフトバンクの社内で発見……

かえるはでっぱった目が特徴

普通の魚。背びれやえらびれは省略しても大丈夫

イルカよりシャチなど大型の哺乳類系の海洋生物。流線型が特徴

カニは実際には左右に5本ずつ足がありますが、大体でOK

現存していないけど恐竜。いろんなタイプの恐竜がいますが、ステゴザウルスが代表格。背中の板に注目

虫全般。楕円に足をつけて終わりです

フキダシと感情記号

爆弾型のフキダシ
驚きの感情

普通のフキダシ
感情はノーマル

声に出さない思い

驚き、発見、衝撃の感情を記号で表す

疑問、不安の感情を記号で表す

アイデアを思いついた瞬間を示す記号は豆電球

描き方のコツ

情報量が多くなると、着目点がどこなのかわかりづらくなりますね。そうした場合に、ぜひ使いたいのが、フキダシなどでコメントを加えたり、バクダンやビックリマークで注意喚起したりする方法です。視線はおのずとそういった絵文字の中のキーワードだけは拾い読みしようとしますので、ここだけは伝えたいというメッセージをのせるとよいでしょう。ただし、これらは注目点のみ使うべきで使いすぎは逆効果となりますので、気をつけましょう。

使ってみよう

●交通事故の検証

交通安全講習で、教官が話す内容をスケッチしたもの。一番事故が多いのは、自動車が右折する際に、歩行者をひいてしまうケースだそうです。重要なポイントはフキダシにしてみました

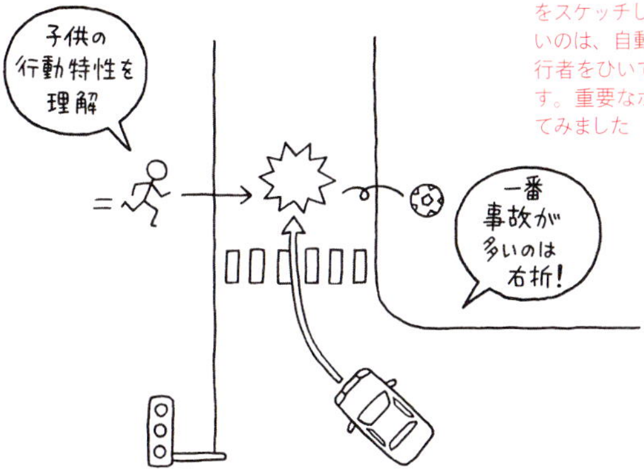

●集中するための時間管理

自分にとって集中できる時間単位を決め、そのサイクルでタスクを処理すると生産性が高くなります。ここでは、1時間を４つに分割して、集中→リラックス→集中を繰り返す時間割をふきだしを使って表現してみました

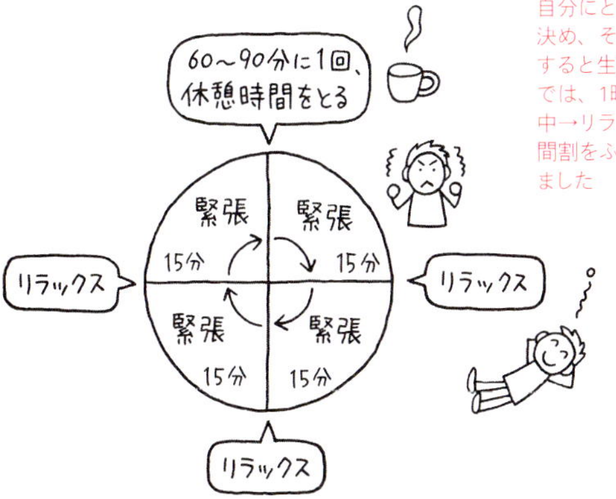

CHAPTER 3

ノート・メモが楽しくなる！厳選絵文字を一気に紹介

自宅やオフィスなど、身近なところにあるアイテムを絵文字にしてみます。電化製品や家具などハードウェアもあれば、ふだん利用しているインターネットのサービスなどソフトウェア的なものもあります。

家にある身近なもの

身につけるモノ

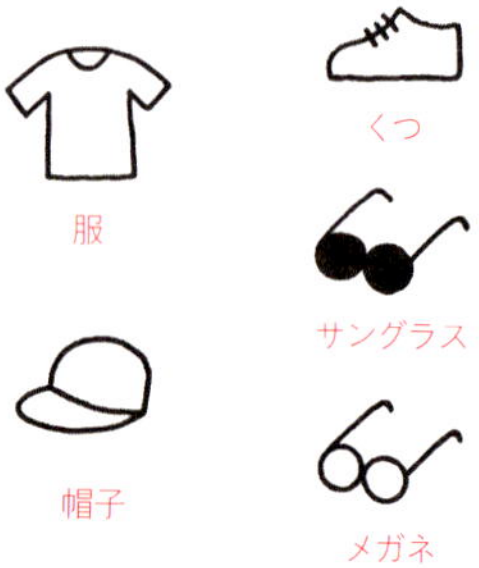
くつ
服
サングラス
帽子
メガネ

水まわり

水道、蛇口
シャワー
トイレ
風呂

キッチン関連

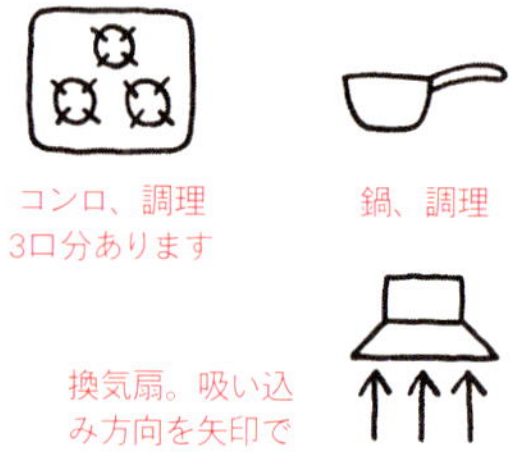
コンロ、調理
3口分あります
鍋、調理
換気扇。吸い込
み方向を矢印で

そのほか

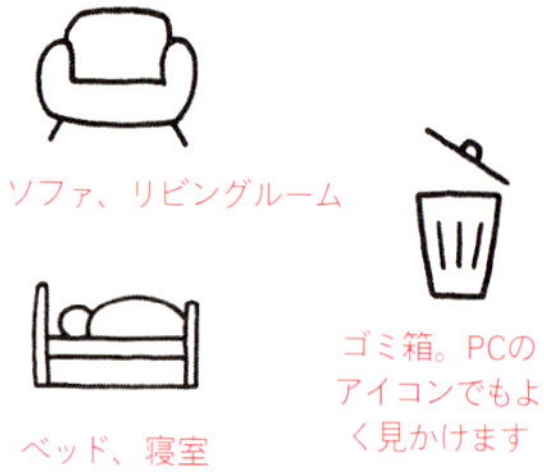
ソファ、リビングルーム
ゴミ箱。PCの
アイコンでもよ
く見かけます
ベッド、寝室

描き方のコツ

自宅にある身近なアイテムや備品、設備を思い出してみましょう。体に身につけるものは比較的、カンタンに描けると思います。水まわりやキッチン関連などは、家電製品と同様に、水や空気の流れを入れてあげるとリアルになります。

使ってみよう

●ホノルルマラソン完走への道

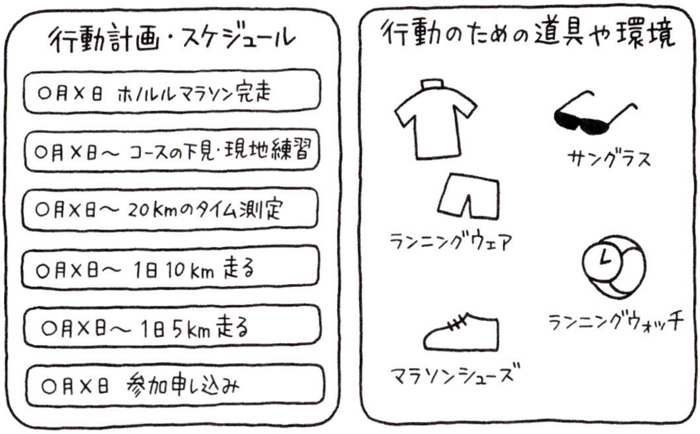
行動計画・スケジュール
○月×日 ホノルルマラソン完走
○月×日～ コースの下見・現地練習
○月×日～ 20kmのタイム測定
○月×日～ 1日10km走る
○月×日～ 1日5km走る
○月×日 参加申し込み
行動のための道具や環境
サングラス
ランニングウェア
ランニングウォッチ
マラソンシューズ

オリンピックを見ていて感動し、「マラソンを走ろう！」と思いたち、仲間と出場したことがありました。思いついても具体的な行動に移れない人は、モチベーションの高いうちに、具体的な計画を立て、道具などを揃えると後戻りできなくていいですよ。ちなみに私の初マラソンのタイムは4時間半でした

家電製品

家、個人宅、ホーム

掃除機

洗濯機

扇風機、換気扇

電子レンジ

ドライヤ

ライト、デスクランプ

エアコン。風の流れを示す

テレビとリモコン

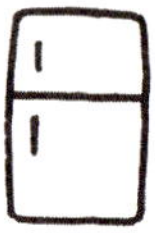
冷蔵庫。2ドアがわかりやすい

オーディオプレーヤー、iPod

描き方のコツ

自宅で使う家電製品などは、あまり日常的に注目していないせいか、いざ描こうとすると、どういう特徴があったのか思い出すのが難しいものです。

形やスイッチ類だけでなく、家電の発する動きに着目すると、よりリアルになります。たとえば、扇風機やエアコン、ドライヤー、掃除機なら風の流れ、ライトなら明かり、リモコンであれば電波の発信を描くと、活き活きとしてきます。

使ってみよう

●家庭の消費電力量の内訳

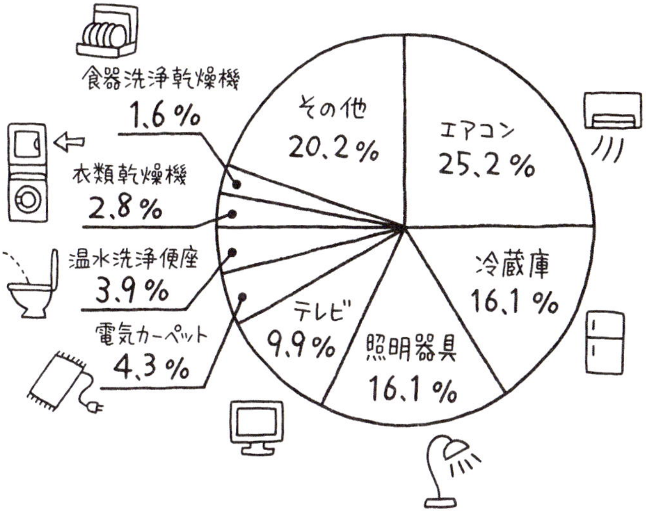
食器洗浄乾燥機
1.6％
衣類乾燥機
2.8％
温水洗浄便座
3.9％
電気カーペット
4.3％
その他
20.2％
エアコン
25.2％
冷蔵庫
16.1％
照明器具
16.1％
テレビ
9.9％

震災の後、あらためてエネルギーの大切さに気づかされました。企業も家庭も、節電に努力し、いろんな工夫をしました。家庭では、上記のようにエアコン、冷蔵庫、照明、テレビが４大電気食い虫です。不要不急の電気をこまめに消すことがとても大切ですね

オフィスの設備

名刺

デスクトップPC

ノートPCはキーボード部
とマウスパッド部を分けて

受付

電話

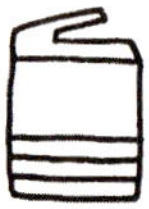
複合機。ソート部とカ
セット部が特徴です

会議室

デスクと椅子

筆記具

プロジェクター。投影部
のレンズと脚が特徴

ホワイトボード

描き方のコツ

仕事で使う備品（パソコン、筆記用具、デスクや椅子など）やオフィスの共有設備（会議室やプロジェクタなど）が絵文字で描けるようにしておくと、効率的なオフィスにするためのレイアウト見直し、設備・備品管理メモなどで役立てることができます。オフィスアイテムは各々が特徴的な形をしていますので、基本は輪郭を描けば、それと判別できるでしょう。

使ってみよう

●デスクトップのレイアウト予想図

新しい机を買うときに、どのようなデスクトップにするかをラフスケッチでシミュレーション。私の場合は作業効率を最優先して、使用頻度の高いものはすべて「手の届く範囲」に置くことにしています

コミュニケーションツール

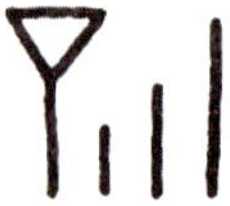

今やさまざまなコミュニケーション手段を組み合わせて使う時代になりました。電波が届かない、ということをこれほど気にする世の中になるとは驚きですね。

描き方のコツ

対面、郵送、電話、Eメール……と私たちはさまざまなコミュニケーション手段を使い分けて生活しています。業務フローや申し込み手続きの流れを示す場合に、こうしたコミュニケーション手段を表現できると便利です。「封書の裏＝Eメール」のように一般的に使われているアイコンはそのまま参考にして使います。

電話系

固定電話
オフィス電話

従来の携帯電話は
アンテナつけて

スマートフォンは
センターボタンが特徴

書面系

Eメール。封書の
裏側が定番

郵送

FAX、
プリントアウト

そのほか

口頭

チャット。ふきだしが1
セットになっています

基地局

使ってみよう

●電話申し込みローンの手続き

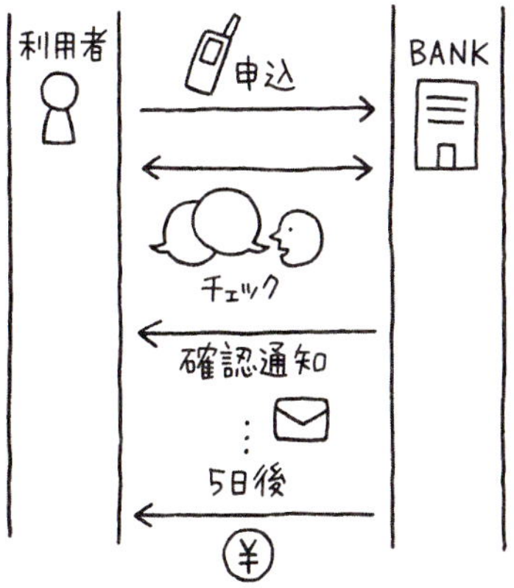

最近は、電話1本でローンの申し込みができるサービスもあるようです。この場合、電話で申し込みした後、テレビ会議システムや店頭で直接、担当者と対面で話をした上で融資の許可がとれるようです。ここでは、そうした申し込みから融資実行までの利用者と金融機関とのやりとりを表現してみました。矢印で示したプロセスは、上から順番に実行されることを表しています

●デキル人の時間割にはＮｏメール時間がある

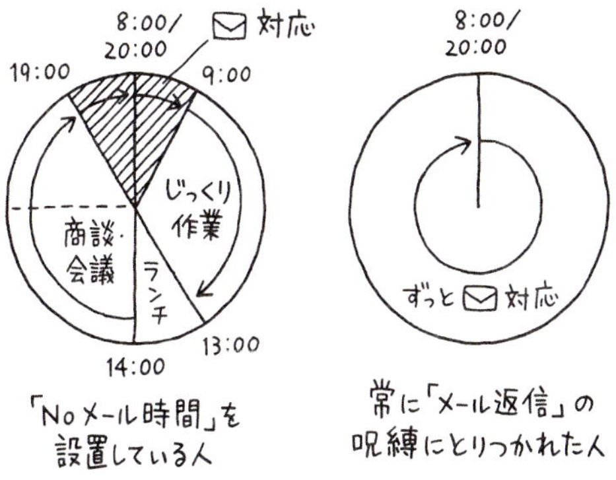

メールの返信を常に早くしなければならないという呪縛にかられている人は多いものです。しかし、細かいタスクであっても、じっくり作業などに頻繁に差し込まれると能率が著しく低下してしまいます。仕事のできる人はこうしたメール対応をしない時間を決め、じっくりタスクの処理に没頭できる時間を作る習慣があるものです

メディア、記録媒体

本、冊子、紙媒体昔は記録するものといえば、紙媒体でした。現在は、コスト面から電子媒体に注目が集まっています

描き方のコツ

媒体のことをメディアといいます。デジタル端末にはいろんな記録媒体が利用できるソケットがついていますし、書籍や雑誌、新聞、ラジオ、テレビなどは不特定多数の人へ広報する媒体なので、マスメディアと呼ばれます。メディアは形状に特徴があり、詳細を描き込まずとも、アウトラインだけでそれと判別できるものが多くあります。

ビジュアル系

映画、ビデオ

TV番組、TVモニタ

写真、カメラ

サウンド系

ヘッドフォン、音楽を聴く

マイク、歌う、話す

CD、DVD、ブルーレイ

そのほか記録媒体

USB

SD

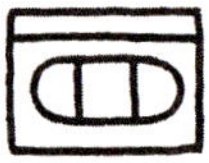

磁気テープ

使ってみよう

●セミナービデオ、3つの納品形態

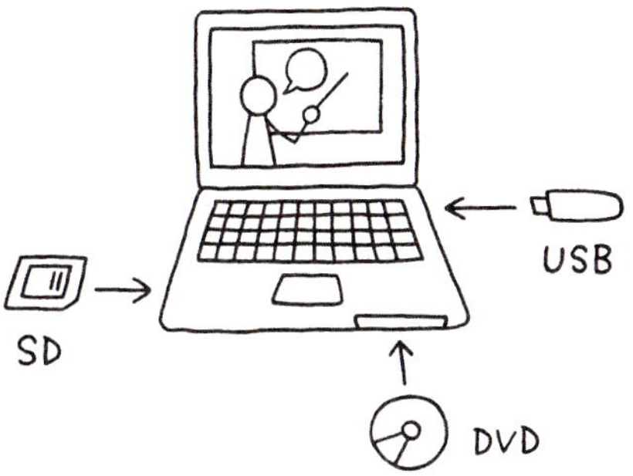

映像データをPCに入れるための方法が3タイプあることを示したメモ。各々のメディアの特徴を描くことで、納品されるときのイメージがわきますよね

●ある大手企業の売上推移と事業別構成比

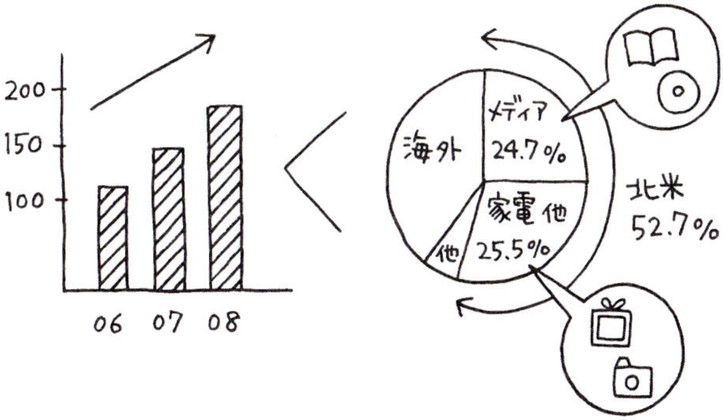

左に売上推移を棒グラフで、右手に直近の売上をエリア別構成比に分解した円グラフで表しました。エリア別のうち、もっとも主要な販売地域である北米での売上をさらに、商品・サービスで分類。メディア事業は本やDVDの販売、家電事業はテレビやデジタルカメラの売上であるため、イメージアイコンをふきだしでつけ足します

ボタン、各種操作

描き方のコツ

自動車から家電やコンピューターにいたるまで、あらゆるマシンには「操作」がつきものです。操作を間違えるとトラブルになるので、現在は国やメーカーが違っても多くのマシンで、操作を指し示す絵文字は似たものが使われています。
操作を示す絵文字は、四角や三角など単純な図形の組み合わせが多く、なおかつ応用範囲が広いので、身につけておくと大変便利です。

再生、次へ

1つ先へ送る

1つ前へ戻る

一時停止

停止、中止

電源オン・オフ

電源プラグ

更新、リフレッシュ

開く、とり出す

保存する

記入、編集

検索、調査

設定、調整

暗号化、ロック

発案、アイデア

タップ（タッチスクリーンを指で触る操作）

クリック（マウスでの操作）

使ってみよう

● iPhone アプリの操作画面設計

iPhoneアプリの操作画面のスケッチ。私の場合、新しいサービスのアイデアが浮かぶと実際にこうした画面を描いてみて、さらに使い方のアイデアなどを展開していくことが多いのですが、操作アイコンなどはおおよそ万国共通のものが多いので、周囲に見せて意見をもらうときにも便利です

ビジネス文書、データ

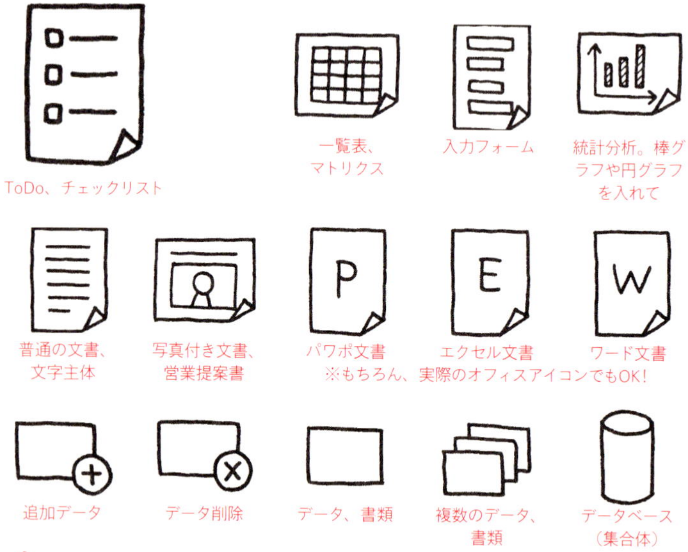
ToDo、チェックリスト
一覧表、マトリクス
入力フォーム
統計分析。棒グラフや円グラフを入れて
P
E
W
普通の文書、文字主体
写真付き文書、営業提案書
パワポ文書
エクセル文書
ワード文書
※もちろん、実際のオフィスアイコンでもOK!
追加データ
データ削除
データ、書類
複数のデータ、書類
データベース（集合体）

描き方のコツ

ビジネスにおいては、実にさまざまなタイプの文書をやりとりします。どういったタイプの文書をやりとりするかを絵文字で表しておくことができれば、そこからイメージが広がり、事前に起こりうる問題に対処することができるでしょう。たとえば、チェックリストであればいくつのチェック項目にするか、入力フォームであれば入力もれに対してどう処理するか、といった具合です。

文書の絵文字を描き分ける場合は、文字の１行は１本の線で代用し、チェックリストや入力フォームの項目などは四角で代用します。オフィス文書の描き分けも、W、E、P など頭文字で代用するのがスピーディーで便利です。

使ってみよう

●わが社の文書管理システム（構想図）

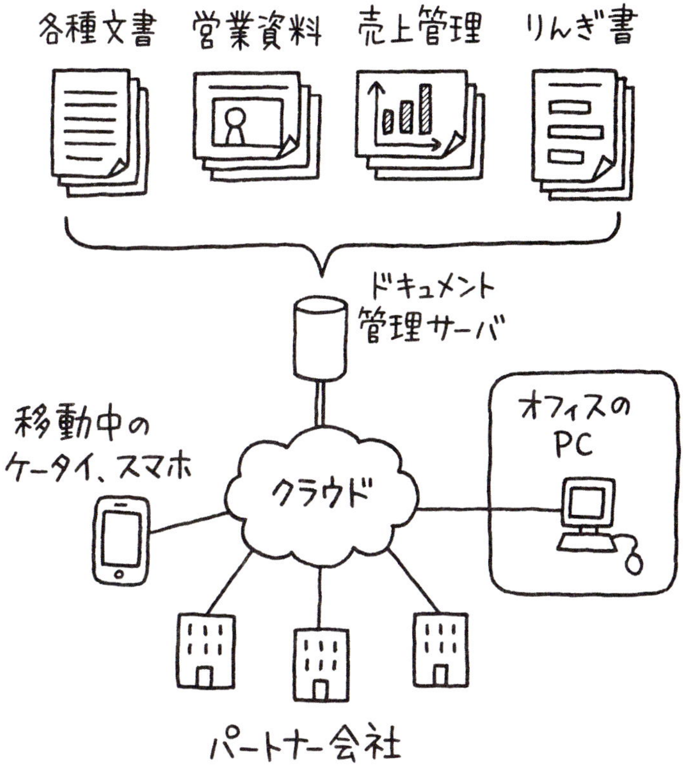
各種文書
営業資料
売上管理
りんぎ書
ドキュメント
管理サーバ
移動中の
ケータイ、スマホ
クラウド
オフィスの
PC
パートナー会社

どの会社でも、最近は資料の一元管理やペーパーレスに取り組んでいるのではないでしょうか？クラウドといっても、なかなかイメージのわかない人も多いので、利用シーンや構成を絵にしてみて上司に説明してはどうでしょうか？

危ないもの、注意喚起

注意せよ!

進入禁止

禁止、中止

立ち入り禁止

爆発寸前

非常に危険

インフォメーション、
各種お知らせ

ココです、と場所を示す

描き方のコツ

危ないもの、注意すべきものは、一瞬で危険を知らせる必要があります。よく見れば危険だということがわかる、という程度では意味がありません。注意を引くための一般的な記号は「!」ですが、特定エリアに入らないように立ち入りを禁じる絵文字、特定エリアの場所を指し示すための絵文字などもたくさんあります。
ここでは、危ないものや注意をうながす絵文字を集めてみました。

使ってみよう

●注意喚起のための社内掲示

STOP
カラーコピー
カラーコピーは
モノクロの5倍!
ムダをなくして
経費を削減しよう。
経理部

モノクロコピーが10円だとすれば、カラーは50～60円もするらしいです。経費節減のためには、ムダなコピーを排除すること。コピー機の前にこんな注意喚起のポスターを貼ってみては？　実際にうちのオフィスにも貼ってコスト削減に成功しました

SERVER
ROOM
関係者以外
立入禁止
ご用の方は
島田まで

部外者は立ち入り禁止の区域って結構ありますよね。立ち入り禁止は人物をセンターに配置し、禁止標識を組み合わせましょう。まあ、「入るな」といわれると逆に入りたくなるのが心情というものですが……

インターネットのサービス

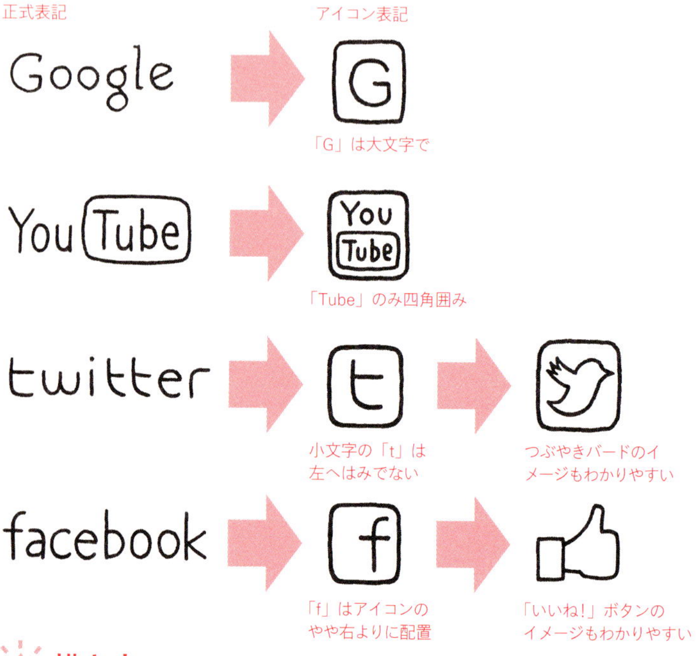

正式表記
アイコン表記
Google
G
「G」は大文字で
YouTube
You Tube
「Tube」のみ四角囲み
twitter
t
小文字の「t」は
左へはみでない
つぶやきバードのイ
メージもわかりやすい
facebook
f
「f」はアイコンの
やや右よりに配置
「いいね!」ボタンの
イメージもわかりやすい

描き方のコツ

ポータルサイト、メールやストレージなどのクラウドサービス、SNS などは毎日利用する web サービスです。当然、絵文字を利用する頻度が高くなっていますので、主要なサービスについては描けるようにしておきましょう。

もともと、各サービスではショートカットやアイコン用の簡略的なロゴを提供していますので、絵文字でもそれを参考にするとよいでしょう。Twitter なら「t」マークや「鳥」マーク、Facebook であれば「f」マークだけでも十分伝えることができます。

主要なクラウド、SNSのアイコンをじっくり観察

●そのほか有名どころ

Yahoo!は
「!」を忘れずに

mixiの「m」は
小文字で

amazonの「a」は小文字。
下に矢印をはわせる

はてなブックマーク。
やはり「!」が必要です

Skypeは左上から
右下にはみだしアリ

RSSマークは、
右上へ波が2つ

使ってみよう

●クラウドコンピューティングの利用イメージ

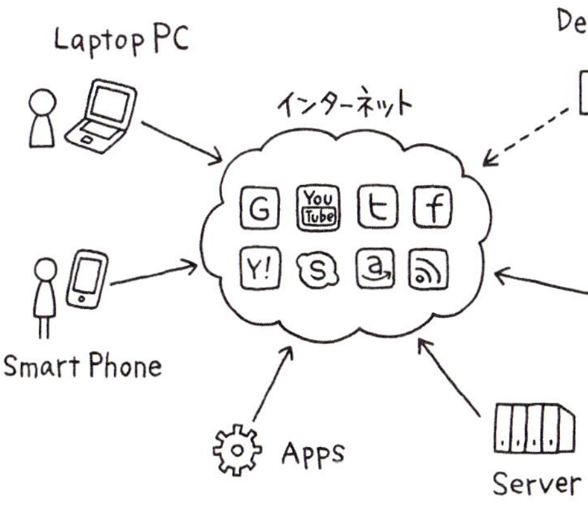

一般的なクラウドサービスの利用概念図。クラウド(雲)につなげるだけで、いろんなサービスが使えるようになるイメージです

CHAPTER 4

絵心ゼロでも大丈夫！ ニュースを絵文字で整理する

ニュース記事を語るうえで欠かせないのが、「いつ、どこで、誰が、何を、どうした」という基本情報です。さらにお金や天気の情報も気になりますよね。この章では、そんなニュースを飾る要素を、絵文字にしてみます。

ZUKAI NEWS
HEADLINE

地図①　世界と日本

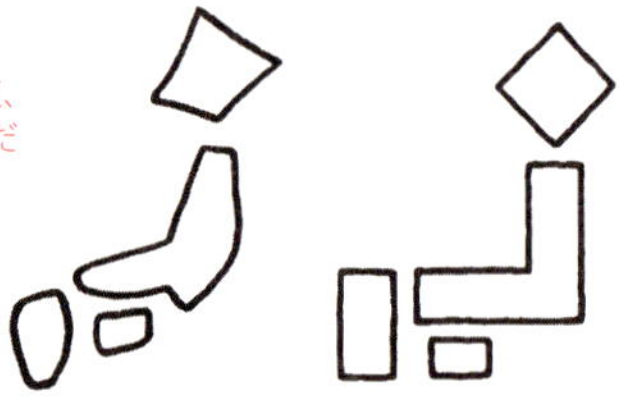
日本地図（北海道、本州、四国、九州だけのざっくり地図）
ブロックをつなげただけのシンプルな形もOK！

世界地図は複雑なので、交通の要所をつかんでおきます。半島の形と順番を覚えておけば、何も見なくてもそれなりに描けますよ
スカンジナビア半島はエイリアンの頭
イギリス
イベリア半島とアフリカ大陸がくっつきそう
アラビア半島はアラビア湾と紅海がくいこむ感じ
オーストラリア大陸に2本の角
インド、マレー半島、インドシナ半島をセットでおぼえる

描き方のコツ

インターネットと経済のグローバル化で、世界が身近に感じられるようになりました。今や海外との関わりなしにビジネスを考えるのが難しいくらいです。そんな中、海外との関わりを示すのに世界地図は必須です。地図をベースに情報を整理すると、その距離感をもとに発生しうるいろんなケースもイメージしやすくなります。正確に描けなくてもよいので、主要国の大きさや位置を把握しておくのはこれから重要ですよ。

使ってみよう

●二酸化炭素の主要排出国は中国と米国

※「知識ゼロからの池上彰の世界経済地図」（幻冬舎）を参考に編集

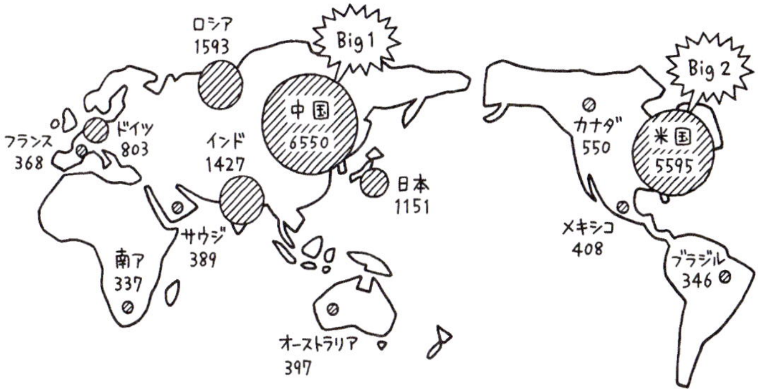

ロシア
1593
Big 1
中国
6550
ドイツ
803
フランス
368
インド
1427
日本
1151
サウジ
389
南ア
337
オーストラリア
397
Big 2
カナダ
550
米国
5595
メキシコ
408
ブラジル
346

巨大な数字は特に単純なモデル化をすると、真実が見えやすいものです。地球温暖化のために二酸化炭素の排出を減らさないといけないのは地球人として当然ですが、一番努力しなければならないのは、米国と中国。この2国が京都議定書の枠組みに入っていないのは残念です。排出量を円の大きさで表すと日本はGDPの大きさに比べ、大変排出量が少ないのがわかります

地図② 建物、公共施設

描き方のコツ

N
方位。普通は北が上を指すように

誰もがわかりやすい地図を書くには、目的地までの経路だけでなく、周辺にある目印も欠かせません。外出時の地図であれば、ホテル、店、学校、病院といった公共施設が目印に。地図記号や略号（ホテルならH）を使えば、手間もかかりません。

目印となる建物

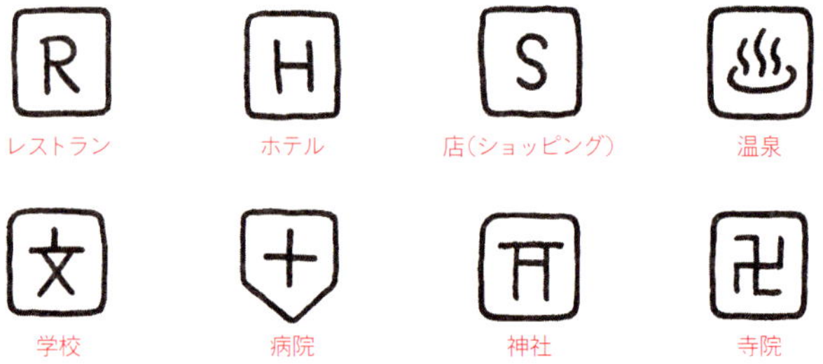
R
レストラン
H
ホテル
S
店（ショッピング）
温泉
文
学校
病院
神社
寺院

目印となる自然

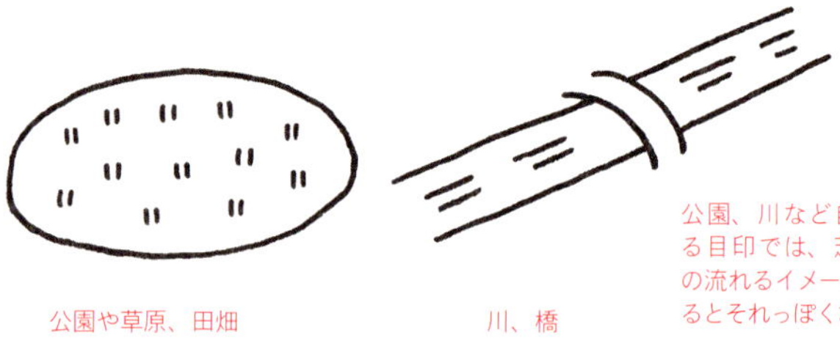
公園や草原、田畑
川、橋

公園、川など自然の残る目印では、芝生や川の流れるイメージを入れるとそれっぽくなります

使ってみよう

●弊社へのアクセス

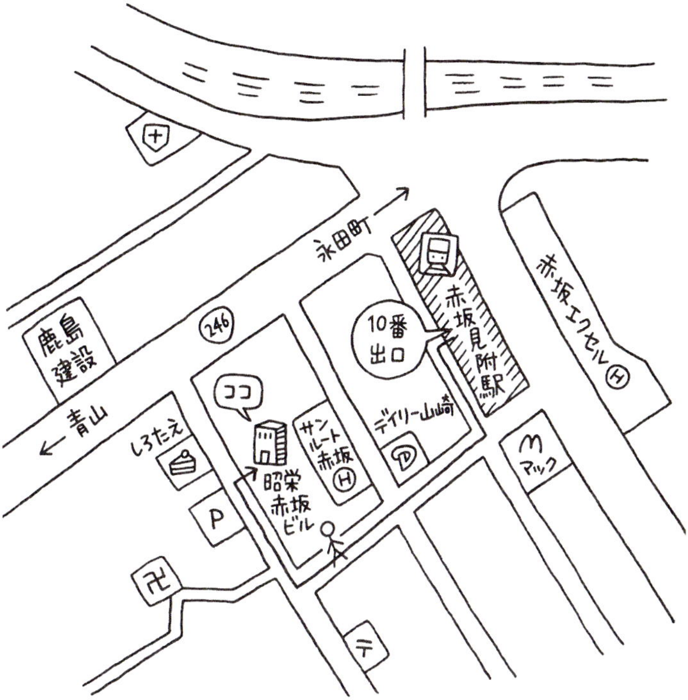

うちの会社は赤坂見附の駅(必ず出口を描きましょう!)から2本奥の通りで、目の前に駐車場とケーキ屋さんのあるのが目印です。周辺にはホテルや大きな道路も多く、アクセスマップを作るのには困りません。コンビニやファーストフードなどはブランド名(マックならMなど)のロゴを入れたほうがわかりやすいでしょう

地図③　施設内の標識

描き方のコツ

施設内の地図（フロアマップ）は、階段、トイレといった共用設備がどこにあるかを示すことが重要です。多くの場合、トイレマーク、エスカレーターマークに代表されるような共通サインがありますので、それらを参考に描けばよいでしょう。日ごろから観察力を高めるために、建物内にどのような標示板が掲示されているかに注目するようにしましょう。

施設内の目印

エスカレーター

階段

エレベーターはカゴと上下の矢印で

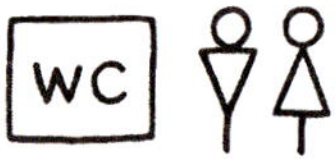

トイレ。男女のボディが上下逆になっています

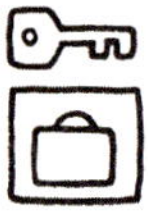

コインロッカー

喫煙所（×をつければ禁煙に）

公衆電話

ATM（現金引き出し機）は略号のほうがわかりやすい

授乳室
ベビールーム

身障者専用

喫茶室

使ってみよう

●レストランのゾーニングスケッチ（上面図）

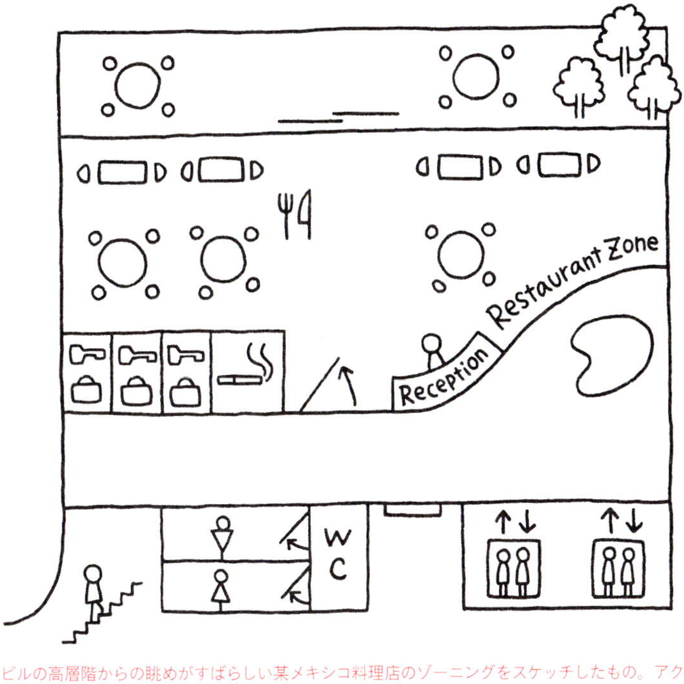

ビルの高層階からの眺めがすばらしい某メキシコ料理店のゾーニングをスケッチしたもの。アクセスは2機あるエレベーターか、階段で。正面のレセプションの脇からレストランに入り、左右に席が配置されています。その間を通り抜けるとテラスになっていることがわかります

個人と法人

個人か
法人か

個人、ユーザ

個人、世帯、
ホーム、一軒家

法人、（中小）企業、ふつうのビル、マンション

大規模か
中小か

大規模法人、大手企業、大きなビル

工場、メーカー

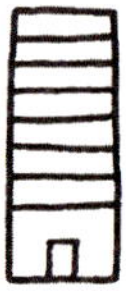

高層タワー、高層マンション

性別や
年齢

男性、女性
（〜専用トイレ）
体の三角が逆です

集団、グループは
３人以上で

大人、子どもは、5頭身と3頭身くらいで描き分ける

描き方のコツ

図解を作成するときに、対象が企業か個人かを区別しなければならないケースは少なくありません。また、企業であっても、大企業と中小企業、本社と支店を描き分けなければならない場合、個人であっても世帯と個人の区別が必要な場合があります。

企業をカンタンに描く方法は、ビルを描くことです。その大小で大企業⇔中小企業、本社⇔支店という区分けをするのがカンタンです。

個人の場合は、世帯であれば一軒家、１個人であれば人の上半身シルエットなどがイメージしやすいと思います。

使ってみよう

A 社の事業所と従業員数

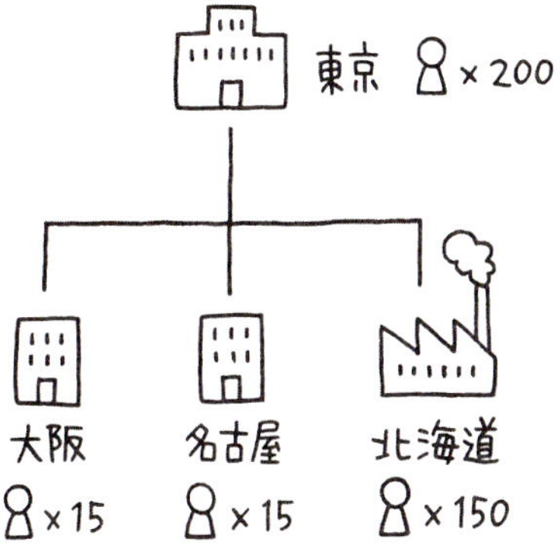

ある企業の主要拠点と社員数を示したメモ。規模の大きな東京本社には大企業アイコン、支社には通常の企業アイコンを使い分け、個人を示すアイコンに数字を入れることで従業員数を表現しました

国内工場の位置関係と産出量

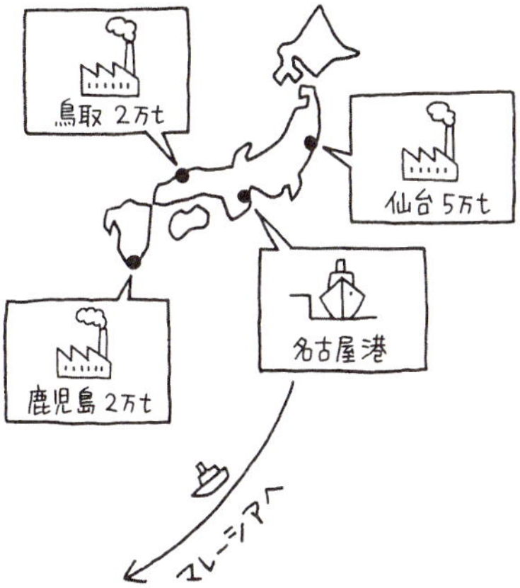

アジアへ部品を出荷しているメーカーの主要拠点を表したものです。国内における工場の位置関係と産出量を地図上に示してみました。すべての部品を名古屋から海外へ輸出しているため、各工場からの物流をどうすべきかに考えがおよびやすいのではないでしょうか

移動と交通

描き方のコツ

何かと乗り物の絵文字は使う頻度が高いので、しっかり練習しておきましょう。タイヤや車輪は見た目にあまり差がないので、電車のパンタグラフのように、「その乗り物がほかともっとも異なる点は何か」に注目して描き分けるのがポイント。駅や港を描く場合には、乗り物の正面図が描けるとさらに雰囲気が出ます。

交通手段

徒歩で

電車で（パンダグラフと車輪数が決め手）

車で

タクシーの場合表示灯をつける

飛行機で

船で

バスは電車との違いに注目

交通手段

駅（正面から）

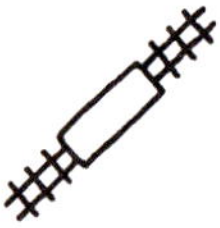

駅（俯瞰）

駐車場

ガソリンスタンド

空港、出発ゲート（滑走路を追加するだけ。逆向きなら到着を示す）

港

バス停（「TAXI」と入れればタクシー乗り場）

使ってみよう

●シンガポール出張〜自宅から会場まで

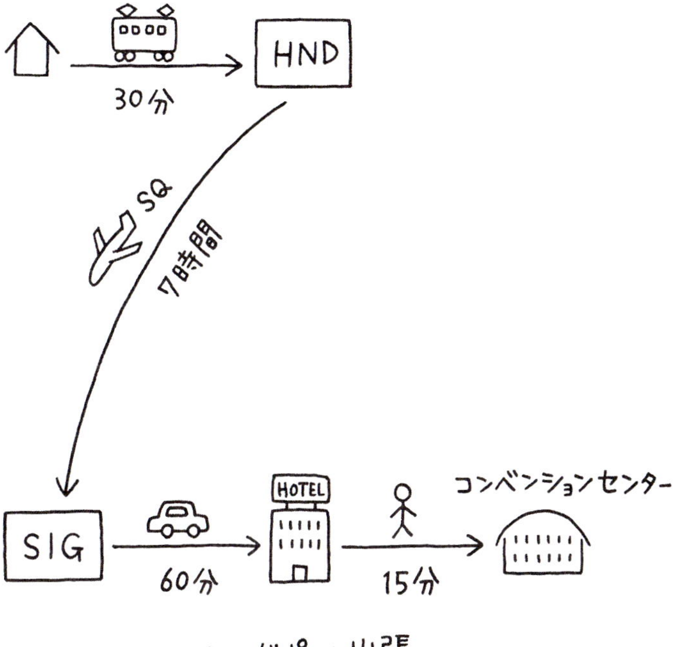

私のシンガポール出張は深夜出て、朝に着き、そのまま仕事に向かう強行軍が多いので、事前にタイムスケジュールは入念にチェックします。羽田空港まで電車、そこからシンガポール航空で7時間、シンガポール空港からホテルまでタクシーで60分かかるホテルにひとまずチェックインして、徒歩圏のコンベンションセンターに向かう。
絵文字で移動の流れを示すと、どこで何が必要になるかイメージがわきやすいと思いませんか？

お金

描き方のコツ

お金、日本円

ビジネスモデルや入出金、資産運用などお金に関わる図解を描く頻度はとても高いものです。単純にお金を示すのであれば、¥マークでもいいのですが、外貨、カード払い、紙幣やコインの区別が必要な場合は、下記のように描き分けましょう。

主な通貨

USドル。たっぷりある場合には袋づめ(→)に♪

「C」に二重線でユーロ(欧州統一通貨)

ポンド(英国)。あまり馴染みがないかも

銀行カード、クレジットカード

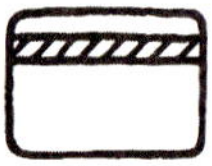

銀行カードやクレジットカード。読み取り部分のイメージがポイントです

VISA、MASTERなど特定のカード。MASTERは赤とオレンジの円が重なるのが特徴

現金

コイン

紙幣、札束

コインや紙幣を描き分けるときは、あえて重ねたほうが雰囲気が出ます

金融機関、預金や投資

金融機関、銀行。左のようなシンボリックな建物でも、右のようにビルに文字で書いてもOK。証券会社なら「SEC」、保険会社なら「INS」と書きましょう

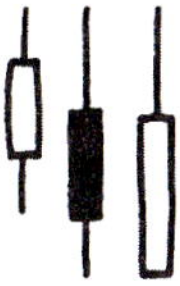

主に株価表示に使われるローソク線

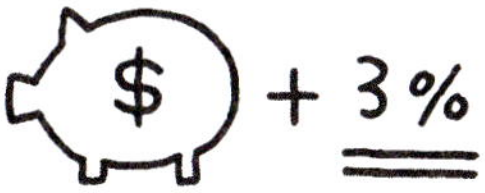

貯金、預金はブタの貯金箱

利率。「＋」を入れることで元金に足されるイメージ

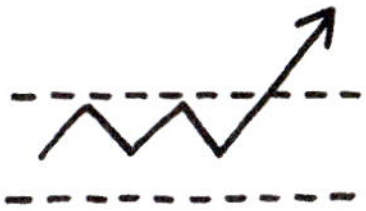

価格変動。点線はもみ合いの続くボックス圏、矢印が今後の方向性を示します

使ってみよう

●投資先のまとめ図

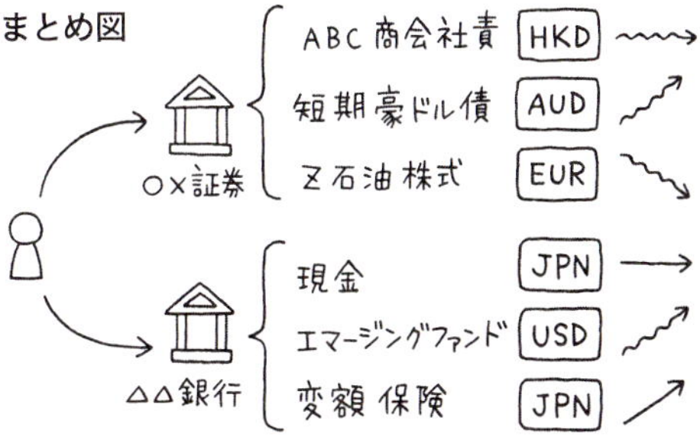

現在は、いろんな金融商品が外貨建てで購入できるようになりました。
同一通貨によるリスク分散のため、複数の通貨建てで資産を持っている人も多いでしょう。米ドルは$と書いてもいいですが、ほかの国のドルと区別するため、USD（米ドル）、AUD（豪ドル）など略号を使っています

時間とスケジュール

描き方のコツ

時間、時計。
長針と短針を描くだけ。
キレイな円は難しいので、何度か練習しましょう

ビジネスのアウトプットは時間どおりにできてナンボのもんです。それゆえ、仕事において時間ほど重要な要素はありません。特にプロジェクトのスケジュールを組む場合には、所要時間、マイルストーン（中間目標）やゴールの日程、タスクの流れを示すフローなどを描くことが多いので、サラリと描けるようにしておきましょう。

腕時計

アラーム、目覚まし
は時計にベルと脚

カレンダ、日程

砂時計

ストップウォッチ

プロジェクトの
スケジュール表

タイムライン、
上のポジションを三角示す

プロセス図
（シンプルな手順）

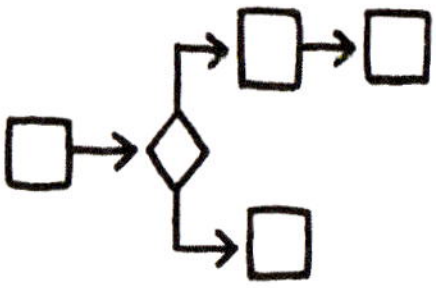

フローチャート図
（複雑な手順）

使ってみよう

●キャンペーンサイト制作のヒト、カネ、時間

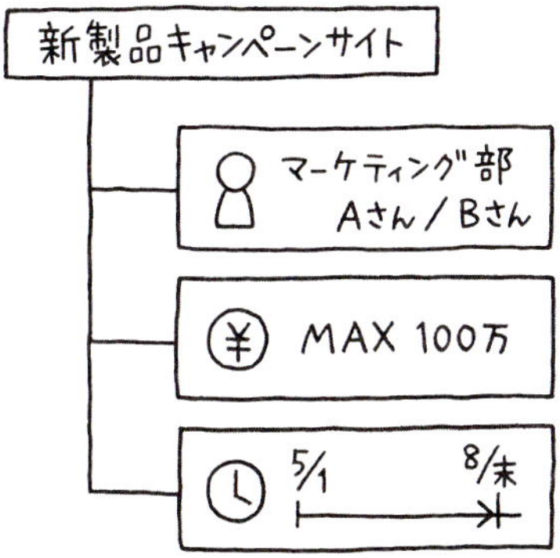
新製品キャンペーンサイト
マーケティング部
Aさん／Bさん
MAX 100万
5/1
8/末

新製品キャンペーンのためのホームページを作るプロジェクトに関して、誰が、いつ、いくらで作るかという条件をピックアップしてみました。人、金、時間はビジネスの基本要素なので、効率よく絵文字が描けるようにしておきましょう

●キャンペーンサイト制作の超ざっくりスケジュール

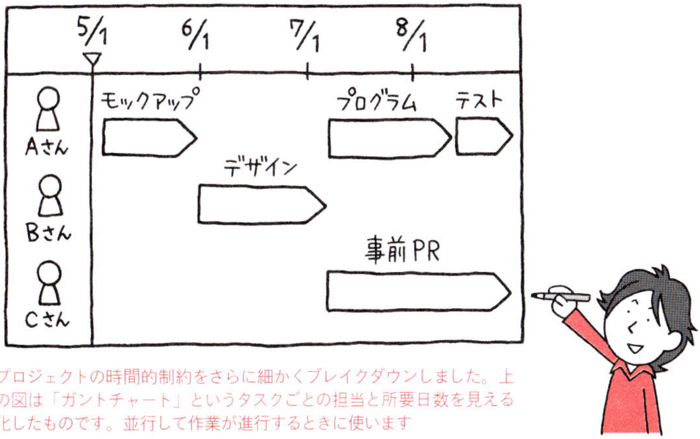
5/1
6/1
7/1
8/1
Aさん
Bさん
Cさん
モックアップ
プログラム
テスト
デザイン
事前PR

プロジェクトの時間的制約をさらに細かくブレイクダウンしました。上の図は「ガントチャート」というタスクごとの担当と所要日数を見える化したものです。並行して作業が進行するときに使います

天候

描き方のコツ

日の出、日の入り
（上下の矢印をつけ加えて
どちらかを示す）

毎日のように天気予報で見ていますが、いざというときに描けない人も多いようです。たとえば、晴れ時々くもりは、２つの絵文字が重なるイメージですが、晴れのちくもりは、「/」で区切るか「→」で時間経過を示します。日記やイベントの報告などに天候を加えると、よりその日がリアルにイメージできますよ。

晴れ

くもり

雨（傘でもOK）

月（晴れの日の夜）
三日月がわかりやすい

風が強い
コイノボリを横に

雨（雪だるまでもOK）

嵐、雷

晴れ時々くもり。
「時々」は絵を重ねる

晴れのちくもり。「のち」は
スラッシュで区切る

使ってみよう

●プライベート展示会の来場者メモ

日付	天気	来場者	備考
5/11(水)		132人	初日はかんさん しかし午後から客足のびる。
5/12(木)		158人	出足は良好。A社の常務が来場
5/13(金)		230人	天気よく、金よう日とあって朝から大勢来場。チラシがなくなる
合計		520人	去年に比べ30%増。経営者、上級管理職が目立った

イベントへの来場者数を記録したメモ。人の入りは天気に大きく左右されるため、当日の天候を絵文字で記録。やはり晴天で金曜日はイベントの入りがよいようです

●天気と車の停止距離の関係

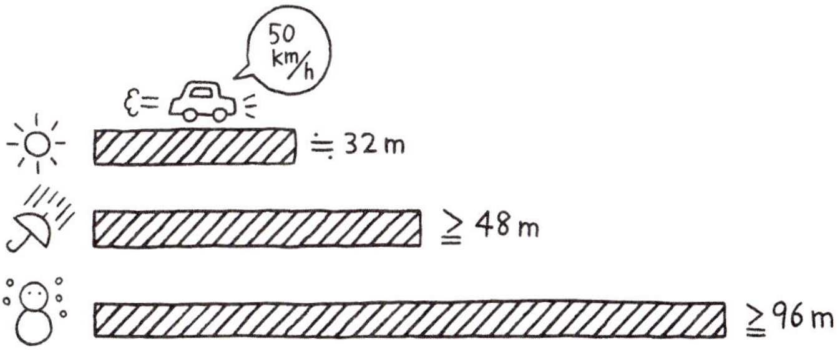
50 km/h
≒32m
≧48m
≧96m

これは自動車の安全講習を受けたときのメモ。天気によって車の制動距離がどれだけ変わるかを比べたものです。時速50Kmの車は、雨の日は1.5倍、雪の日はさらにその2倍以上の制動距離が必要となります。雨天の運転にはくれぐれも気をつけましょう

楽しみ、エンターテインメント

映画、ビデオ
（カチンコのイメージ）

カラオケ

音楽、コンサート

演劇、舞台

ゲーム
（コントローラーで
代用）

ショッピング、店
（カートのイメージ）

食事、レストラン
（フォーク&ナイフ）

飲み会、バー
（ワインマークでもOK）

お茶、カフェ
（コーヒーマークでも
OK）

BBQ

キャンプ

誕生日、パーティー

描き方のコツ

デートや家族とお出かけなど、日常生活のイベントでエンターテインメントは重要な役割を果たします。映画などは映画そのものよりも、映画製作で使うカチンコ、ゲームであればコントローラー、食事であればナイフやフォークなど「道具」に着目するのもわかりやすいと思います。こうした絵文字によって、イベントのダンドリ表や手帳に予定を描き込むのは大変楽しい作業です。

使ってみよう

●彼女との初デートのダンドリメモ

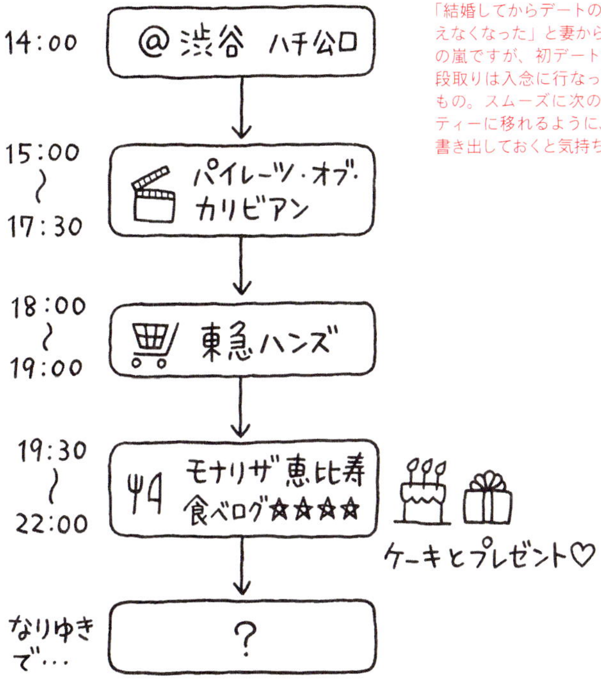
14:00
@渋谷 ハチ公口
15:00 〜 17:30
パイレーツ・オブ・カリビアン
18:00 〜 19:00
東急ハンズ
19:30 〜 22:00
モナリザ恵比寿
食べログ☆☆☆☆
ケーキとプレゼント♡
なりゆきで…
?

「結婚してからデートの段どりを考えなくなった」と妻からはクレームの嵐ですが、初デートなら誰しも段取りは入念に行なっておきたいもの。スムーズに次のアクティビティーに移れるように、時間割を書き出しておくと気持ちがラクです

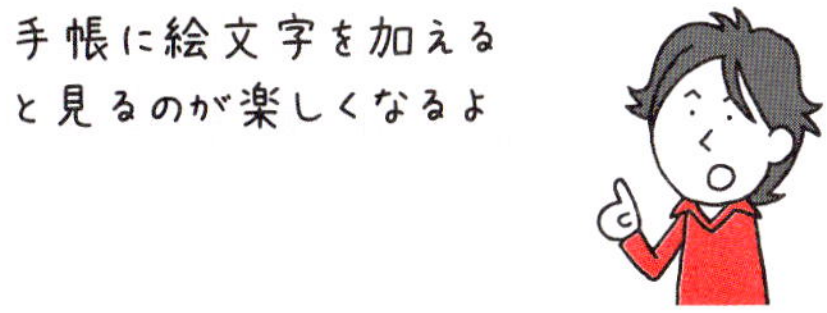
手帳に絵文字を加えると見るのが楽しくなるよ

CHAPTER 5

記号・略号を使いこなして、情報をよりシンプルに！

文字列が長い場合に、頭文字をとって省略することはよくあることです。こうした略号や記号類は、知らなければチンプンカンプンですが、見る人たちに共通認識があれば、大変効率のよい情報伝達方法でもあります。

CA
KR
US
JP
MX
BR
ID
AR
AU

情報の整理に数字を使う

描き方のコツ

情報を整理する上で、数字は欠かせない存在です。単に数量を表すだけでなく、複数の項目の構造を示すときにも、行頭や段落の頭に番号をつけて整理します。行頭や段落頭につける数字は、アラビア数字だけでなく、ローマ数字やラテン数字などを組み合わせて表現することができれば、階層が複雑になってもスッキリさせることができます。

①-a

大きなくくりが①,②,③……,
さらにその中の小項目がa,b,c……,
と続くことがわかります

アラビア	1	2	3	4	5
ローマ	Ⅰ	Ⅱ	Ⅲ	Ⅳ	Ⅴ
ラテン	a	b	c	d	e
ギリシア	α	β	γ	δ	ε

ちなみに数字を表すギリシア文字の読み方は順にアルファ、ベータ、ガンマ、デルタ、イプシロンです

使ってみよう

●新サービスのプロジェクト流れ図

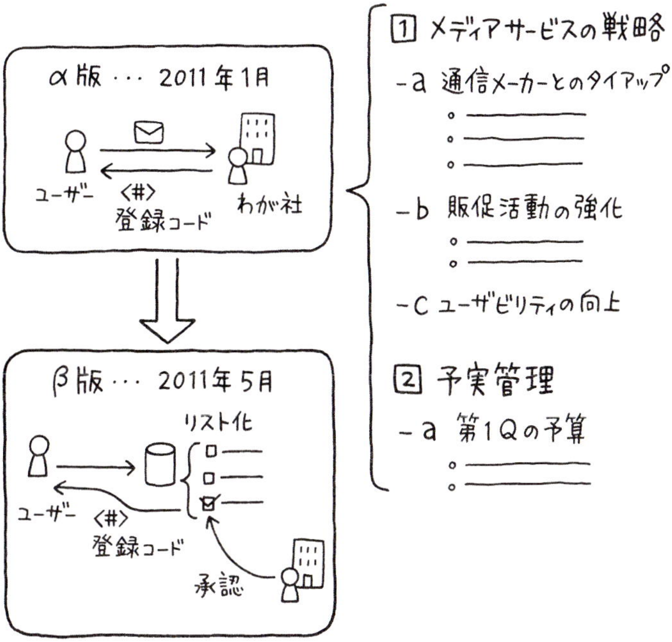
α版 … 2011年1月
ユーザー
〈#〉
登録コード
わが社
β版 … 2011年5月
リスト化
ユーザー
〈#〉
登録コード
承認
1 メディアサービスの戦略
-a 通信メーカーとのタイアップ
-b 販促活動の強化
-c ユーザビリティの向上
2 予実管理
-a 第1Qの予算

右段のメモは、数字＋アルファベットで情報を整理しています。左の段ではα、βが使われていますが、これはソフトウェアの世界では、正式なリリースの前に、α版（モックアップや初期段階のテスト版）、β版（最終仕様のテスト版）というステップを踏むことが多いためです

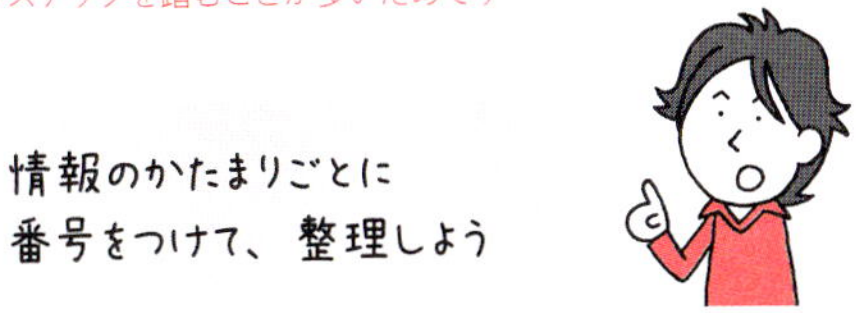
情報のかたまりごとに
番号をつけて、整理しよう

量を表す大きな数字、小さな数字

描き方のコツ

商談メモやアイデアノート、会議などあらゆる場面で数字は登場しますが、その記載はなるべくシンプルで、わかりやすいものであることが求められます。特に、会計や統計数字は大きな数字になることが多く、それらをスピーディーに描いていくためには、K（キロ＝1000）、M（ミリオン＝100万）、BあるいはG（ビリオンやギガ＝10億）など、いくつかの単位記号を知っておくことと便利です。逆に小さな数字を示す場合には、m（ミリ＝1000分の1）、μ（マイクロ＝100万分の1）、n（ナノ＝10億分の1）など微量を示す記号を使います。

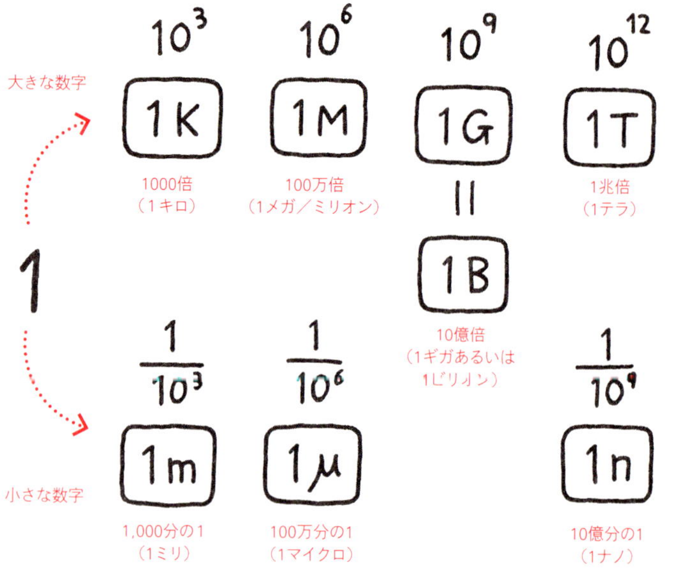

大きな数字
10³
1K
1000倍
（1キロ）
10⁶
1M
100万倍
（1メガ／ミリオン）
10⁹
1G
=
1B
10億倍
（1ギガあるいは
1ビリオン）
10¹²
1T
1兆倍
（1テラ）
1
1/10³
1m
1,000分の1
（1ミリ）
1/10⁶
1μ
100万分の1
（1マイクロ）
1/10⁹
1n
10億分の1
（1ナノ）
小さな数字

使ってみよう

●事業別売上高（単位：円）

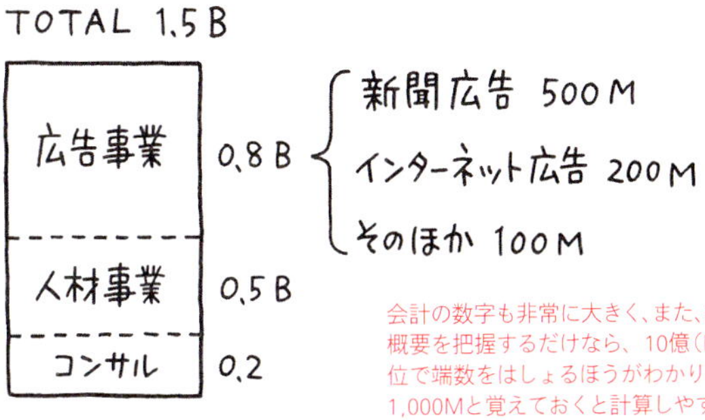
TOTAL 1.5B
広告事業
0.8B
新聞広告 500M
インターネット広告 200M
そのほか 100M
人材事業
0.5B
コンサル
0.2

会計の数字も非常に大きく、また、細かくなりがちですね。概要を把握するだけなら、10億（B）あるいは百万（M）単位で端数をはしょるほうがわかりやすいものです。1B＝1,000Mと覚えておくと計算しやすいです

●太陽系の惑星サイズ

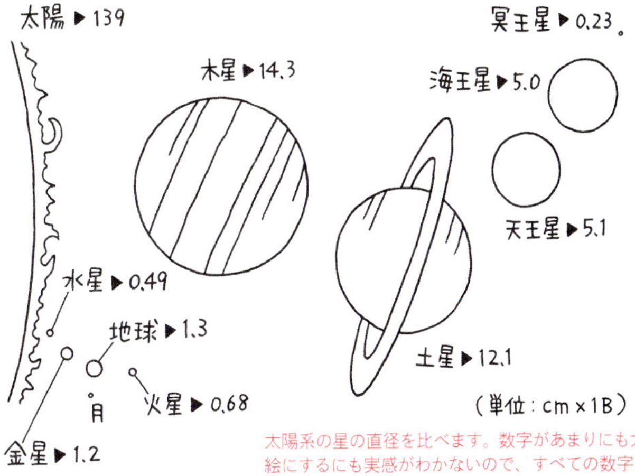
太陽▶139
木星▶14.3
冥王星▶0.23
海王星▶5.0
天王星▶5.1
土星▶12.1
水星▶0.49
地球▶1.3
月
火星▶0.68
金星▶1.2
（単位：cm×1B）

太陽系の星の直径を比べます。数字があまりにも大きいので、絵にするにも実感がわかないので、すべての数字を10億分の1にして比べてみました。木星、土星ってすごく大きいですね

大きさをイメージさせる

数値データをわかりやすい図解にする

放射線量と人体との関係を描いてみる

内容	実効線量（ミリシーベルト）
全身被ばく（死亡）（1回）	7,000
全身被ばく（10%の人に吐き気、嘔吐）（1回）	1,000
全身被ばく（末梢血中のリンパ球の減少）（1回）	500
放射線作業従事者の年間線量限度（1年）	50
ブラジルのガラパリで自然から受ける放射線の世界平均（1年）	10
CTスキャン（1回）	6.9
自然から受ける放射線の世界平均（1年）	2.4
自然から受ける放射線の日本平均（1年）	1.5
胃のX線集団検診（1回）	0.6
東京ーニューヨーク航空機（往復）	0.19
原発周辺の線量目標値（1年）	0.05
胸部X線集団検診（1回）	0.05

福島原発の事故が発生した直後は、放射線量に関して大変情報が錯綜していました。ミリシーベルトとマイクロシーベルトを勘違いしたり、1回と年間の線量を誤解したりと混乱しました。上記は、放射線量が人体に与える影響とその目安の表です。しかし、イメージがわかないため、絵文字を使って関係図を図解してみたのが、右のもの。これを見るとどうやら気をつけなければならないのは、年間50を超えるあたりからのようですが、50を365日で割ると1日あたりの許容量は0.13ミリシーベルト。常に飛行機に乗っていると危ないのでしょうか……（不安）

怖いのは知らないから。
数字の実感がわけば、冷静に対策がとれる

●放射線量と人体との関係

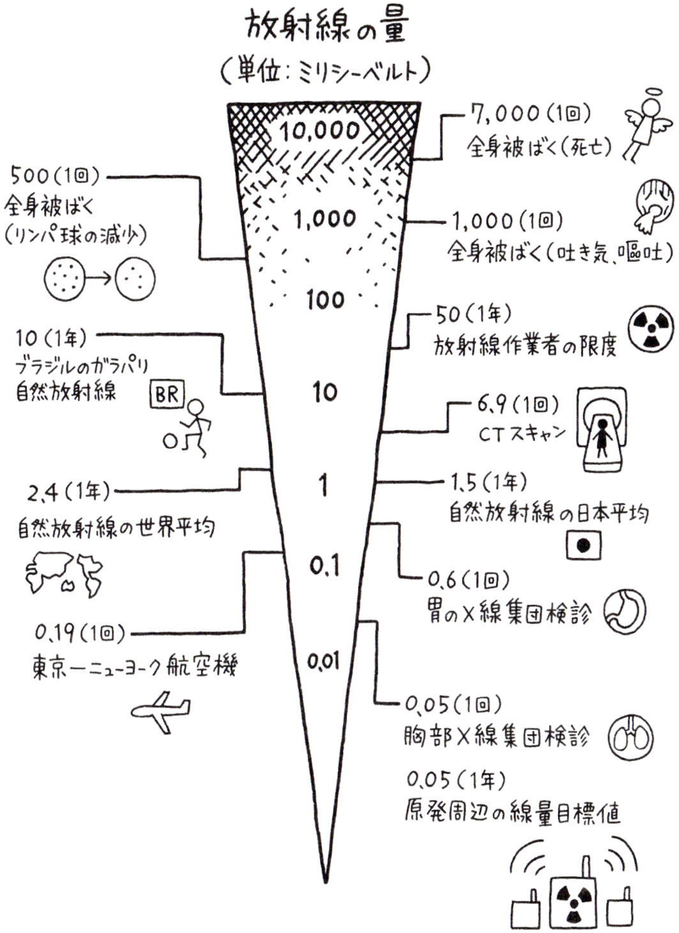
放射線の量
(単位：ミリシーベルト)
10,000
1,000
100
10
1
0.1
0.01
7,000(1回)
全身被ばく(死亡)
500(1回)
全身被ばく
(リンパ球の減少)
1,000(1回)
全身被ばく(吐き気、嘔吐)
50(1年)
放射線作業者の限度
10(1年)
ブラジルのガラパリ
自然放射線
BR
6.9(1回)
CTスキャン
2.4(1年)
自然放射線の世界平均
1.5(1年)
自然放射線の日本平均
0.6(1回)
胃のX線集団検診
0.19(1回)
東京ーニューヨーク航空機
0.05(1回)
胸部X線集団検診
0.05(1年)
原発周辺の線量目標値

比較するための数学記号

描き方のコツ

数字の大きさを把握する上で、ほかと比べることは理解を助けます。たとえば、絶対値でトヨタ自動車の売上が約 19 兆円と聞いてもピンときませんが、同業でライバルの日産自動車の 2.5 倍、ホンダの 3 倍と聞けば、おのずと規模を肌身で感じることができるでしょう。
こうした比較の表現方法として、初等数学で学んだ「>」、「<」などの記号を使う方法、あるいは図形の大きさで示すこともできます。効率性を重視する場合は記号が便利ですが、大きさを実感するのであれば、図形の大きさで示すのが有効です。

●比べるための数学記号の例

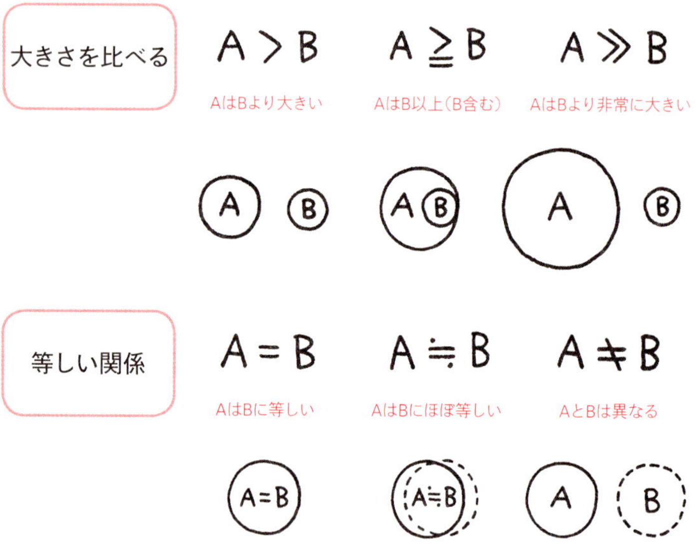
大きさを比べる
A > B
AはBより大きい
A ≧ B
AはB以上（B含む）
A ≫ B
AはBより非常に大きい
A
B
A
B
A
B
等しい関係
A = B
AはBに等しい
A ≒ B
AはBにほぼ等しい
A ≠ B
AとBは異なる
A=B
A≒B
A
B

使ってみよう

●科目別の点数

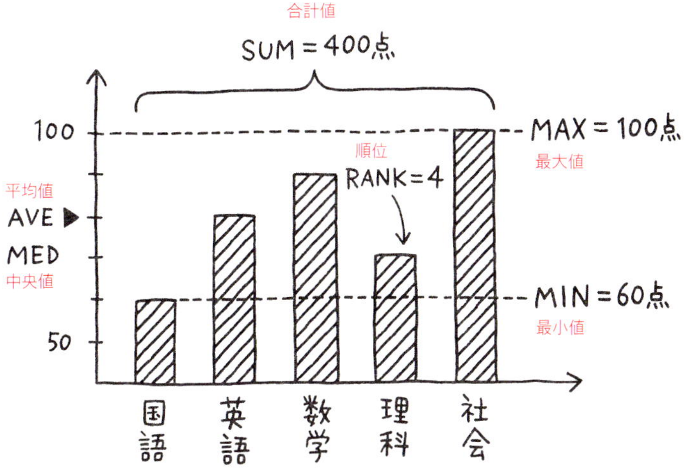
合計値
SUM＝400点
100
MAX＝100点
最大値
順位
RANK＝4
平均値
AVE ▶
MED
中央値
MIN＝60点
最小値
50
国語
英語
数学
理科
社会

ビジネスにもプライベートにも統計の基本知識は欠かせません。よく使われる統計指標については、略号も合わせて覚えておきましょう。ちなみにExcelでも同様の関数名がありますので、略号を覚えておくと便利。AVE（平均値）はSUM（合計値）を個数で割った数値、MED（中央値）というのは、真ん中の順位にあるデータの数値です。上記の場合は、3番目に高いデータは80点なので、平均と中央値が同じ値になっています

略号が使えるとカッコイイ！

描き方のコツ

略号は、効率性を重んじるビジネスやインターネットでよく使われます。チャットやTwitterなど時間や字数を気にする場合には、大変便利です。たとえば、「ところで＝By the way」という代わりにBTW、「ありがとう＝Thank you」という代わりに、thxと表現したりします。日本語でも「空気読めない＝KY」など略語はよく使われています。
略語は絵文字を使うということからすると邪道のように見えますが、イメージにしづらいものに関しては、略号を使うほうが効率的な場合も少なくありません。特に、アルファベットやカタカナは画数が少ないので、メモや記録にうってつけです。

● 2、3文字のアルファベットで表す略語、略号

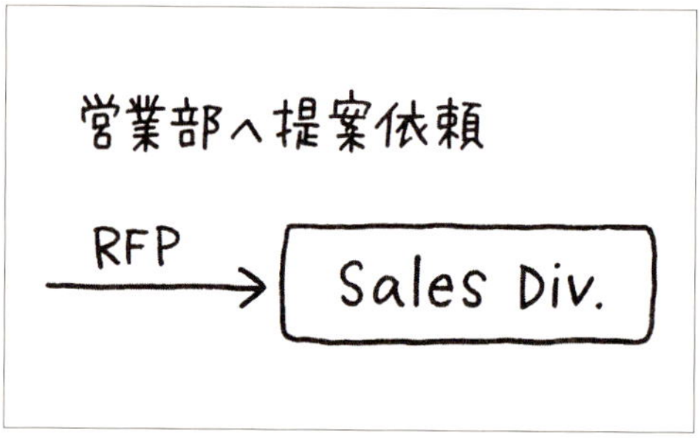

「営業部へ提案を依頼する」と書くと、漢字の画数が多いため面倒です。
営業部をSalesDiv.（Div.は事業部の略）、提案依頼をRFP（RequestForProposal）と覚えておけば、素早く記録がとれます

使ってみよう

●手帳に略号を使って、予定を書き込む

day
Thursday
Friday
Saturday
17
18
10:00
Media Div Mtg
cfm : NDA w/
○○社
19
13:00 共同セミナー
@八重洲
15:00 打ち上げ
12 PAX @ XXXX
24
25
26

会議をMtg、開催場所を@、機密保持契約をNDA、参加人数をPAXなどと略すことによって効率化が図れます。他人に見られたくない予定に関しては、オリジナルで略号を作りましょう

●チャットやTwitterで短縮形を使う

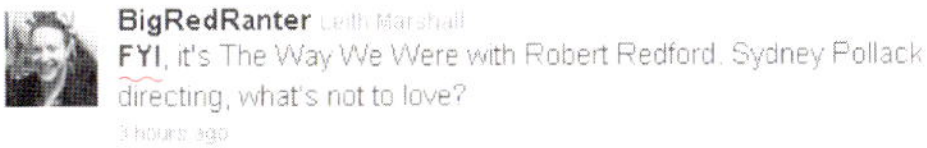
BigRedRanter Leith Marshall
FYI, it's The Way We Were with Robert Redford. Sydney Pollack directing, what's not to love?
3 hours ago

FYIはFor Your Informationの頭文字をとった短縮系で、「参考までに」といった意味。チャット、Twitterなどは文字数制限や短い時間でより多くの情報を伝えるため、こうした短縮表現が頻繁に使われます

ビジネスでよく使う略号

ASAP	as soon as possible	できるだけ早く
@	at	～にて（場所）、単価
attn	(for the) attention (of)	～宛て
BS/PL	BalanceSheet/Profit&Loss	貸借対照表 / 損益計算書
cfm	confirm	確認
©	Copyright	著作権
Div.	Division	事業部
e.g.	exempli gratia（ラテン語）	たとえば
etc.	et cetera	～等
EOF	end of file	（文末で）以上です
i.e.	id est（ラテン語）	つまり
KPI	KeyPerformanceIndicator	重要実績指標
Mtg	Meeting	会議

事業計画やプロジェクトを進めるときに使える略号たち

NDA	NonDisclosureAgreement	機密保持契約
N.A.	Not Available	入手不可、該当なし
PAX	Passgenger	利用客数
P.S.	Post Script	追伸
qty	quantity	量
REQ	Request	依頼
RPT	Repeat	繰り返し
RSVP	répondez śil vous plaít (=reply please)	折り返し返事下さい
RFP	Request For Proposal	提案依頼書
ROI	Return On Investment	費用対効果
TM	Trade Mark	登録商標
TBD	To Be Deicided	未定

業界の中でしか通じない専門用語は別として、ビジネスマンが共通で使うような略号は覚えておいて損はありません。なぜならビジネス書類やWebサイトでもこうした略語が普通に使われることも多いからです。さらにメモやノートを書くときも時短になりますから、積極的に使ってはいかが？

チャットやTwitterでよく使う略号

AFK	Away From Keyboard	ちょっと席を外します
ASL	Age Sex Location	年齢・性別・場所
AWOL	Absence Without Leave	ツイートしないこと
B4	Before	～の前に
b/c	because	なぜなら
bf, gf	boy friend, girl friend	カレシ、カノジョ
BFN	Bye For Now	またね!
BR	Best Regards	よろしく・かしこ
brb	Be Right Back	すぐ戻るよ
BS	BullShit	でたらめ・ウソ
btw	By The Way	ところで、さて
DM	Direct Message	ダイレクトメッセージ
fb	Facebook	SNSサービスのフェイスブック
fwd	Forward	転送する

FYI	For Your Information	参考までに・ちなみに
GTFO	Get The Fuck Out	消え失せろ！ ※利用時注意
gtg	Got To Go	もう行かなきゃ
Hmu	Hit me up!	連絡ください！
IC	I see	なるほどね・分かった
IDK	I Don't Know	分からない
IM	Instant Message	インスタントメッセージ
IRL	In Real Life	現実の世界では
IMO	In My Opinion	私の考えでは
J/K	Just Kidding	冗談だよ

ネットスラングは数が多いので、興味のある人は「ネットスラング」などで検索してみてください。ビジネスでも使うような一般的な略語から、強烈な言いまわしまでいろんなネットスラングがあります

ネットの略語は便利だけど、
強烈なスラングも多いから
使うときには注意してね！

世界共通の標準コード

ISO（国際標準化機構）では国別に 2 桁、3 桁の略号で示すコードが決められており、インターネットのドメイン（○○○ .jp など）、オリンピックでの国名表示などさまざまなところで使われています。ここでは主要 20 カ国の略号を紹介。

● **G20　：　主要20カ国・地域の首脳会合**

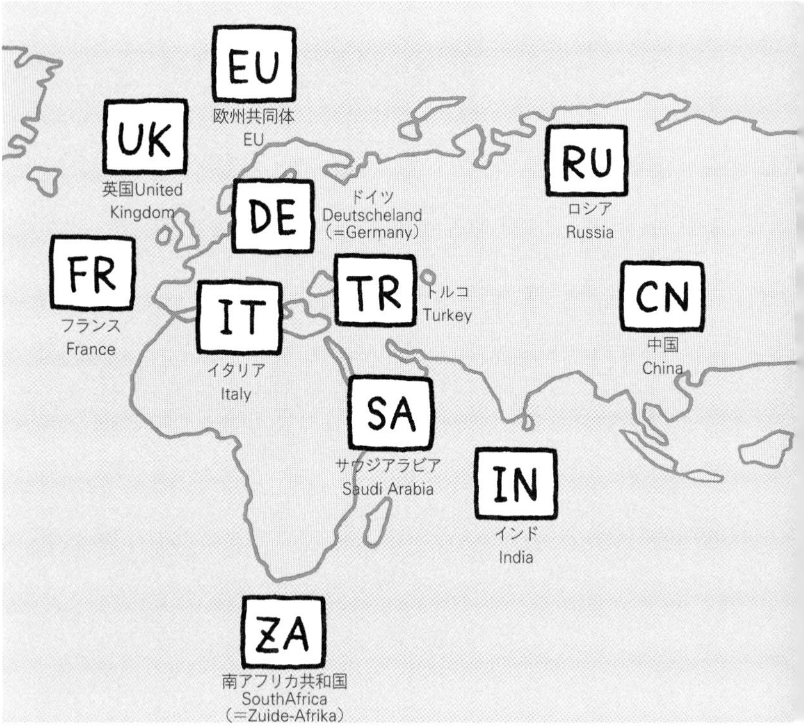
EU
欧州共同体
EU
UK
英国United Kingdom
DE
ドイツ
Deutscheland
（=Germany）
RU
ロシア
Russia
FR
フランス
France
IT
イタリア
Italy
TR
トルコ
Turkey
CN
中国
China
SA
サウジアラビア
Saudi Arabia
IN
インド
India
ZA
南アフリカ共和国
SouthAfrica
（=Zuide-Afrika）

国名や空港名など、世界共通の略号が結構ある

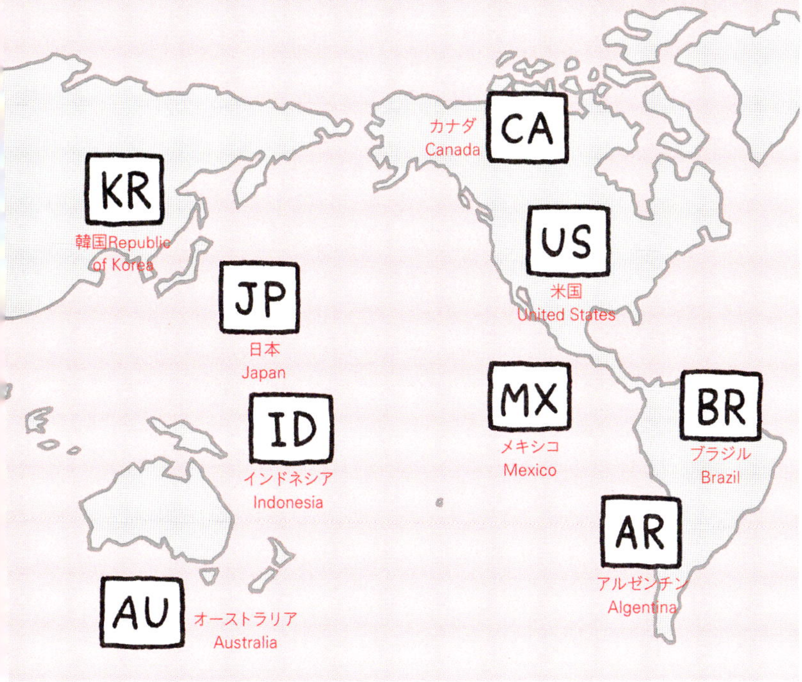
CA
カナダ
Canada
KR
韓国Republic
of Korea
US
米国
United States
JP
日本
Japan
MX
メキシコ
Mexico
BR
ブラジル
Brazil
ID
インドネシア
Indonesia
AR
アルゼンチン
Algentina
AU
オーストラリア
Australia

基本的には英語表記から想像できますが、注意の必要な国コードもいくつかあります。ドイツはGermanyですが、独語読みではDeutschelandのため、「DE」に。また、南アフリカ共和国はSouth Africaですが、オランダ語の南アフリカを表すZuid-Afrikaより「ZA」となっています

CHAPTER 6

できる人がやっている「図」で考えるテクニック

ビジネスシーンでは、情報整理をするために図解にしたり、数値データをグラフによって可視化することが欠かせません。
しかし、そうした図解やグラフももとをたどれば、大変シンプルな図形の繰り返しにしかすぎないのです。ここでは基本パターンを取得して、どんなビジネスシーンでもあわてず冷静に思考できるテクニックを身につけてください。

図形を描くウォーミングアップ

基本的な線が描ければ、絵のセンスは不要！

直線と円の練習

描き方のコツ

昔はデザイン事務所に入社すると、ロットリングのペンでまっすぐな線を何本も平行して描く練習をさせられたそうです。しかし、デザイナーでなくても、手描きでノートやメモをとるのであれば、まっすぐな線はある程度、キレイに描けるにこしたことはありません。まっすぐな線がキレイに描けるようになると、四角、三角といった基本的な図形もラクに描けるようになります。

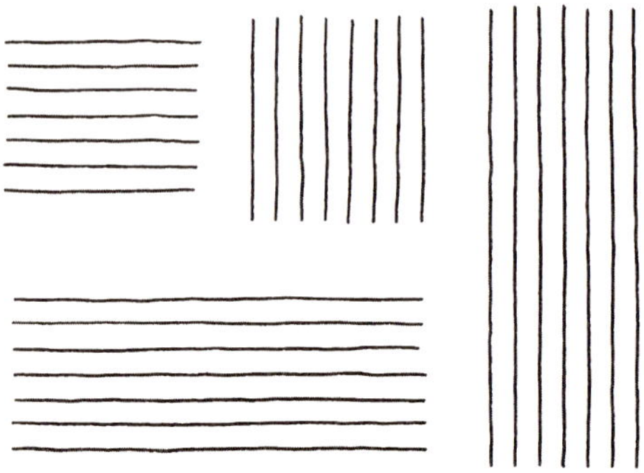

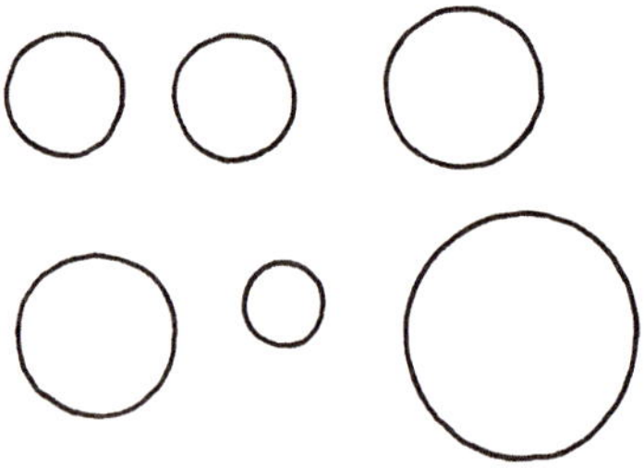

まっすぐな線以上に難しいのが円です。正しい円になるように、いくつかサイズの違う円を描いてみましょう

直線と曲線を組み合わせて基本図形を描く

描き方のコツ

直線と円が描ければ、あとは組み合わせだけです。三角形、四角形、五角形、台形、平行四辺形、楕円、半円ドーナツ、月型などいろんな形を描いてみましょう。

どんな図形も基本的には直線と円の組み合わせ。次ページからは情報整理に使える基本図形を紹介するよ

すべての基本となる図形

描き方のコツ

四角や三角といった基本図形は、情報を整理する上でもっとも重要です。それ自体に意味があるわけではないので、これらの基本図形の中に、キーワードを入れて使います。
後で説明する「線や矢印」を組み合わせれば、ありとあらゆる情報を、すっきり整理できるようになります。

四角形
あらゆる図解の基本要素。四角の中に名称やアイコンを入れて使います

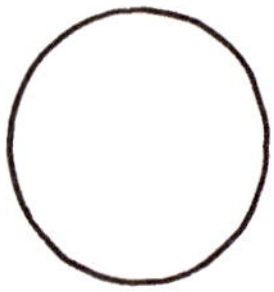

丸
四角と同じように基本要素として使います。中に入れるものに応じてだ円にする場合もあります

三角形
ピラミッド構造や上位が少数になるような階層構造を示す場合に便利

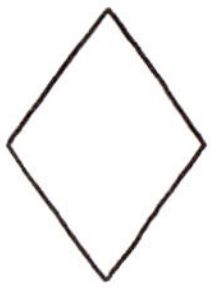

ひし形
手順やフローチャートなどで条件つき分岐を示す場合に使います

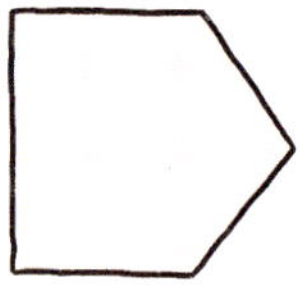

右向き五角形
プロセス図で、次の処理に移ることを示します

平行四辺形
四角形をななめ俯瞰で見た状態。レイヤーの重なりを表現したり、フローチャートにおいてデータ入力を示します

使ってみよう〜要素の中身を書き入れる

●ほしいもの

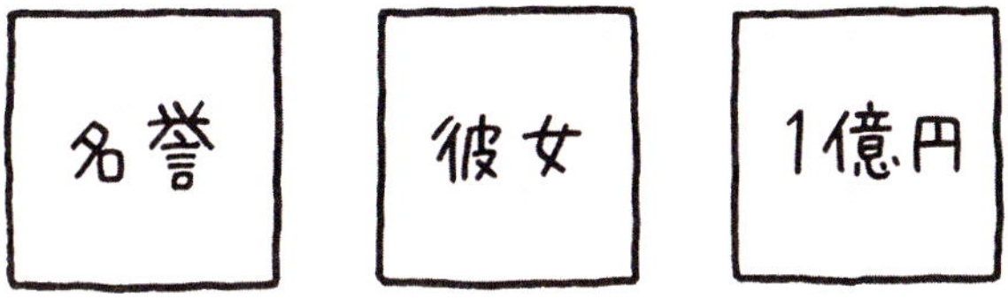
名誉
彼女
1億円

基本図形の中にキーワードを入れて、1つの要素とします。中身はなんでもOK。あとは、要素同士をつなげたり、関係性を線で示すことでより複雑な状況を整理することができます

●営業のプロセス

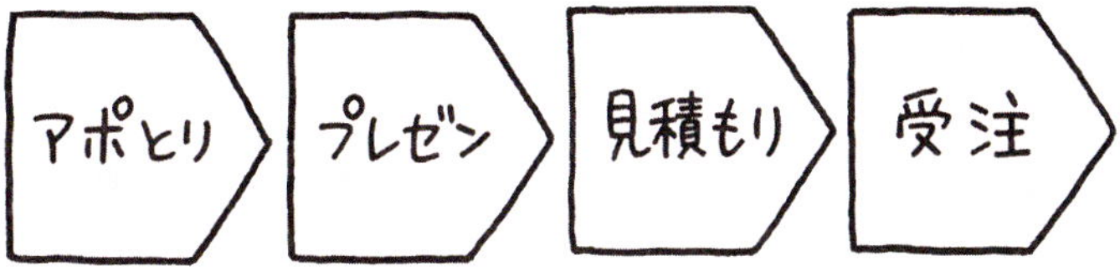
アポとり
プレゼン
見積もり
受注

営業活動のプロセスを4つに分けて、右向き五角形で時間経過とともに示します。どのプロセスが得意、不得意のような見極めがしやすくなります

●フロアマップ

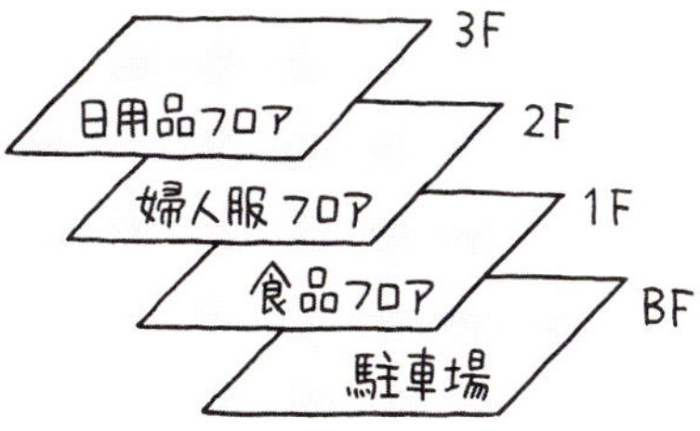
3F
日用品フロア
2F
婦人服フロア
1F
食品フロア
BF
駐車場

デパートやショッピングセンターでよく見かけるフロアマップでは、1階分を平行四辺形を重ねることで、階層イメージを出すことができます

図形を結ぶ線と矢印

描き方のコツ

前述した基本図形と線や矢印を組み合わせることによって、ほとんどの事象や関係性をシンプルに表せるようになります。特に、矢印は重要です。ビジネスモデル、資本関係、人間関係、プロジェクトの流れなど、世の中の関係性は相互に何かをやりとりすることで成立しているからです。

線
（つながり）

矢印のない線は、協調、友好、血縁、提携などのつながりを表します

一方向矢印
（何かの移動）

モノ、サービス、権利、財、命令などが一方からもう一方へ提供される、移動することを示します

双方向矢印
（何かの往復移動）

矢印が互い違いに存在する場合は、等価値のものを交換したり、ある作用に対してレスポンスがあることを示します

両端矢印
（対立／協調）

両端が矢印の場合は、相互作用の強い関係を示します。協調である場合もあれば、対立である場合もあります

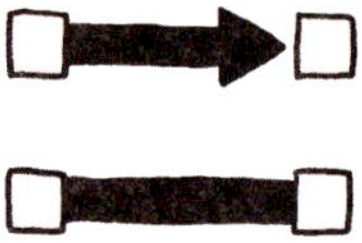

線の太さ
（強調）

線や矢印が太い場合は、それだけ強い流れであることを示します。太さを変えることでバリエーションを出します

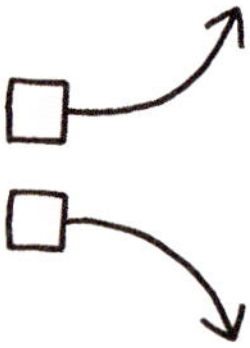

トレンド
（流れる方向）

右肩上がり、右肩下がり、あるいは横ばいなど全体のトレンドの方向性を指し示します

点線
（過去、未来）

現在は存在しないが、過去にあった、もしくは未来にあるかもしれない場合に点線を使います

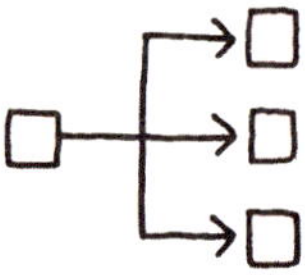

分岐・分類

1本から数本に分かれる線は、組織、分類、論理などの構造を示す場合に便利です

使ってみよう〜基本図形と線や矢印を組み合わせる

●無料 Web サイトのビジネスモデル

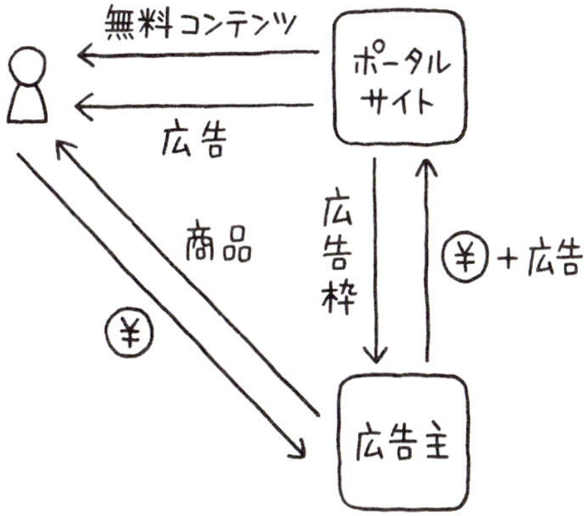

Yahoo!など主要ポータルサイトの収入源は広告ですが、矢印を使ってビジネスモデルを描いてみると、ユーザーがコンテンツを無料で利用できるのは、広告主から購入している商品の代金でまかなわれていることがよくわかります

●業務改善のプロセス図

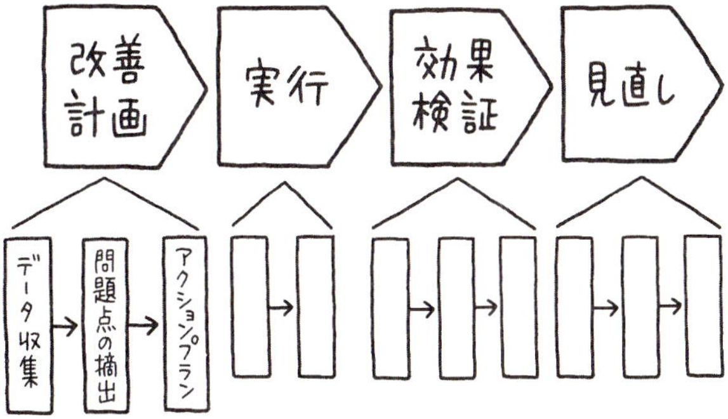

業務改善を行なうときには、全体を大きなプロセスに分類し、そこからさらに細分化して問題をチェックしていきます。矢印は一方向への流れを示します

グラフの表現いろいろ

描き方のコツ

表計算ソフトで計算した結果を正確に表すのがグラフである、という考え方は捨ててください。グラフの使命は正確よりも全体の傾向をつかむこと。ですから、自分の手で描けるくらいでないと、トレンドが把握できているとはいえませんよ。

また、グラフの種類は用途に応じて使い分けましょう。提案書のラフや会議でトレンドを共有する場合などに、手描きでグラフがさらりと描けると、生産性がグンと高まります。

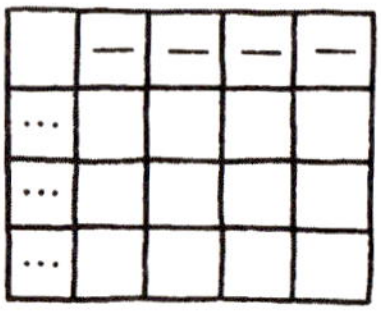

表組み。あらゆるデータのもとになるフォーマットです。ただし、ポイントがつかみづらいのが難点

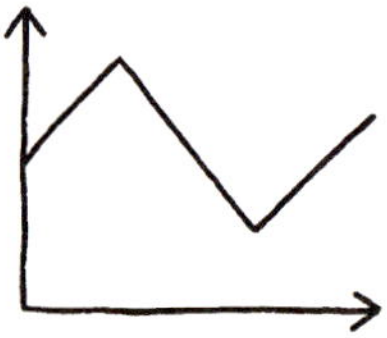

折れ線グラフ。細かい時系列変化を示すのに適しています

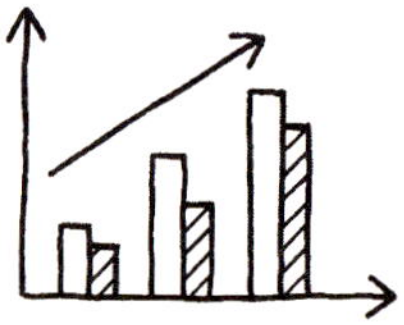

棒グラフ。量の変化を示すときにもっとも一般的に使うタイプです

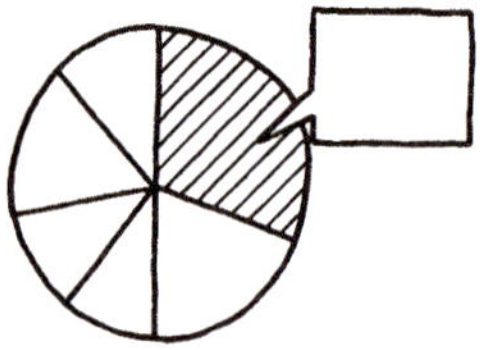

円グラフ。全体に占める割合を示すときに利用。注目すべき部分は斜線を引くなど目立たせて

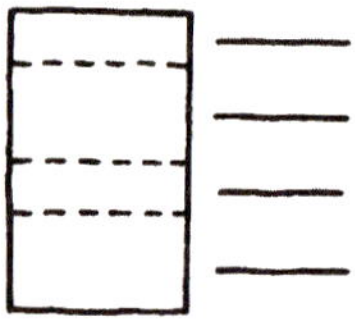

積み上げ棒グラフ。円グラフと同様に比率を示しますが、同時に絶対値も表現できる点が便利

目的に応じてデータの大きさや変化を可視化する

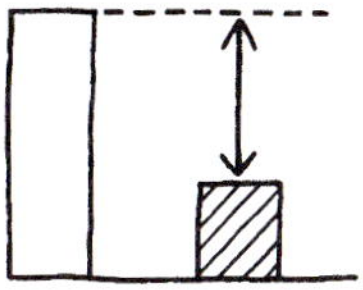

棒グラフのギャップを示す。予算と実績、他社と比較したりするときに使います

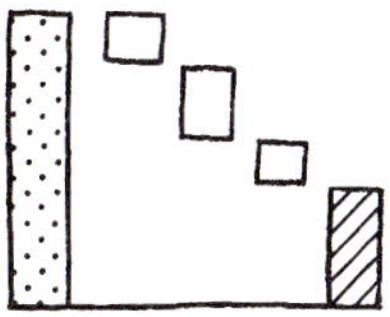

ウォーターフォールグラフは滝の流れる様子に似ています。積み上げ棒グラフを分解して並べます

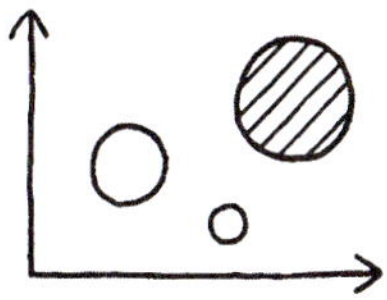

分布図。XとYのどの組み合わせ（交点）にデータが多く発生しているのかを示します

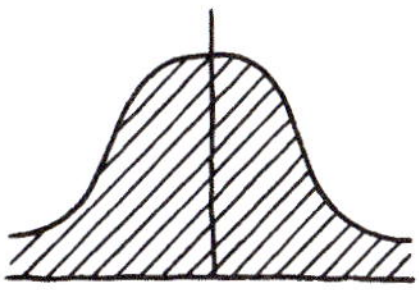

正規分布図。平均値を中心に左右にどの程度のばらつきがあるのかを示すときに使います

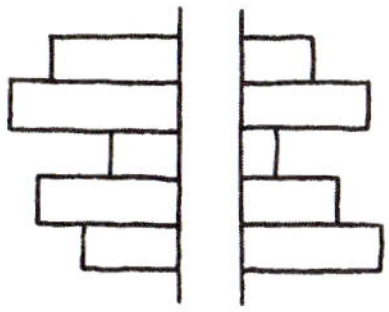

並列横棒グラフ。比較対象が2つで、比較項目が複数ある場合に、それらを左右に配置して示します

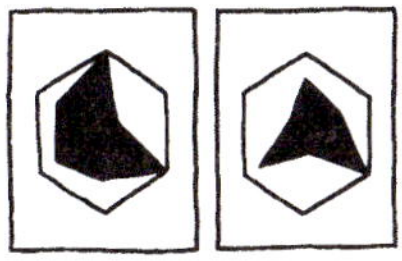

レーダーチャート。比較対象が複数で、比較項目も複数ある場合に使います。くもの巣チャートとも呼びます

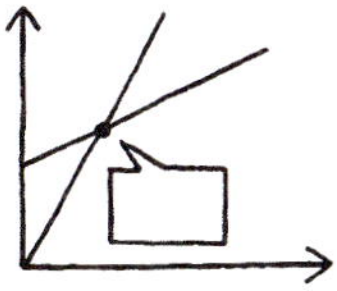

交差グラフ。売上とコスト、需要と供給など均衡点を探るときに使います

グラフの活用例

使ってみよう

●プロジェクト担当割表

よくある担当割表。役割と対象で縦軸、横軸を分類しています。絵文字を使うというより、表そのものですが、こうした表グラフが手描きでさくっと描けると重宝します

	Aパート	Bパート
営業	○○さん	○○くん
制作	○○くん	○○さん
進行	○○さん	同左

●平均余命の国際格差

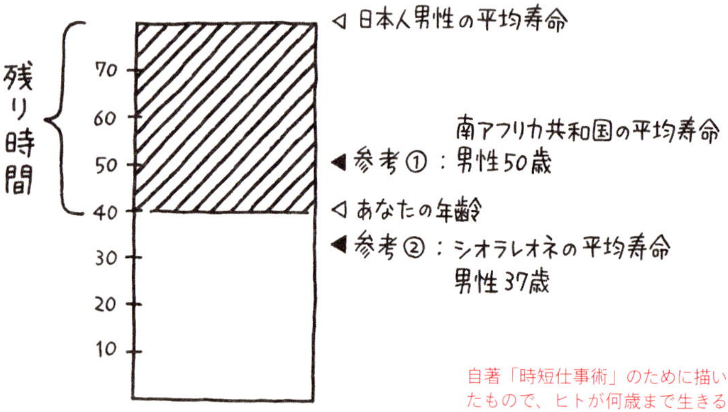
◁ 日本人男性の平均寿命
残り時間
70
60
50
40
30
20
10
南アフリカ共和国の平均寿命
◀ 参考①：男性50歳
◁ あなたの年齢
◀ 参考②：シオラレオネの平均寿命
男性37歳

自著「時短仕事術」のために描いたもので、ヒトが何歳まで生きるかを示した説明図。縦が平均余命を表わしていますが、自分の年齢を書き込むことで、残り時間がグッとリアルに感じられますよね

かんたんなグラフにキーワードを加えれば立派な説明資料

●事業の採算分岐

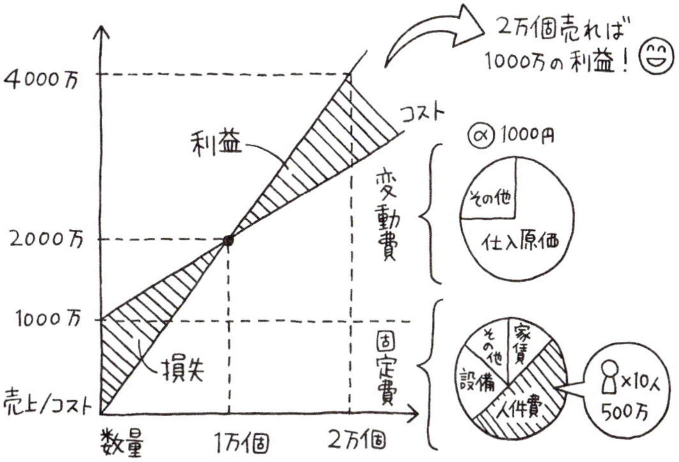

事業の採算性を図る上で、損益分岐点を知ることはとても重要ですよね。こうした採算分岐点を算出するときは、エクセルでやるとかえって面倒なので、筆者はいつも手描きでやっています。そのほうが固定費の大きさや損益分岐点を越えたときの利益の大きさなどがつかみやすいと思います

グラフの絵文字を大きく使えば、そのまま説明図になります。コメントや注意マークなどを入れて、ポイントがどこなのかを明確にするといいでしょう。

トレンド、流れ

描き方のコツ

売上や利益などの事業計画、統計分析の傾向値など「トレンド」をつかむことは、戦略を打ち立てる上で何より重要です。もちろん、Excel のグラフで細かく分析してもよいのですが、大切なのは大きな流れがどっちを向いているのかを理解することです。季節変動はあるものの右肩上がり、この数年間は急に伸びたがそろそろ踊り場……といった傾向値を1本の線で描き分けます。
トレンドを知るだけではなく、ビジネスでは潮目が変るポイントがどこかを知ることも大事ですので、全体の流れの中で現在はどのタイムラインに位置しているのかを把握したいものです。

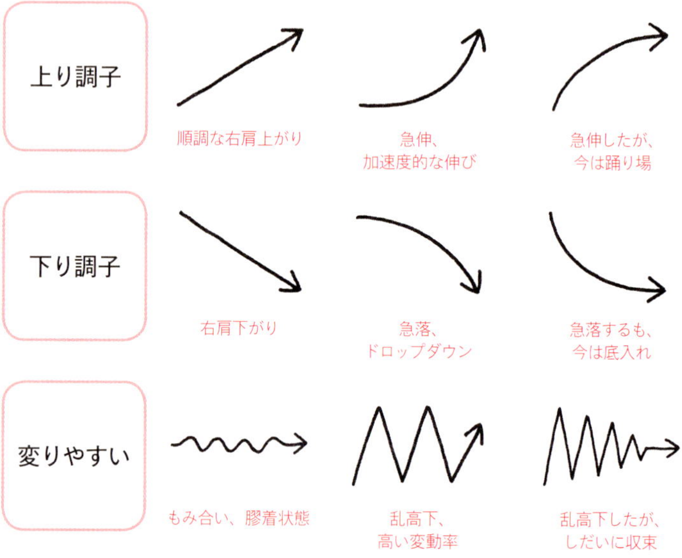

上り調子
順調な右肩上がり
急伸、
加速度的な伸び
急伸したが、
今は踊り場
下り調子
右肩下がり
急落、
ドロップダウン
急落するも、
今は底入れ
変りやすい
もみ合い、膠着状態
乱高下、
高い変動率
乱高下したが、
しだいに収束

拡散と収束

拡大と縮小

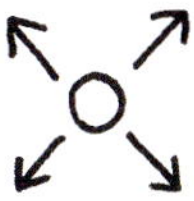

拡散、放射状の

収束、集中

拡大

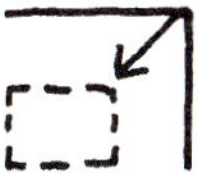

縮小

使ってみよう

●売上、株価、市場の伸びを示す

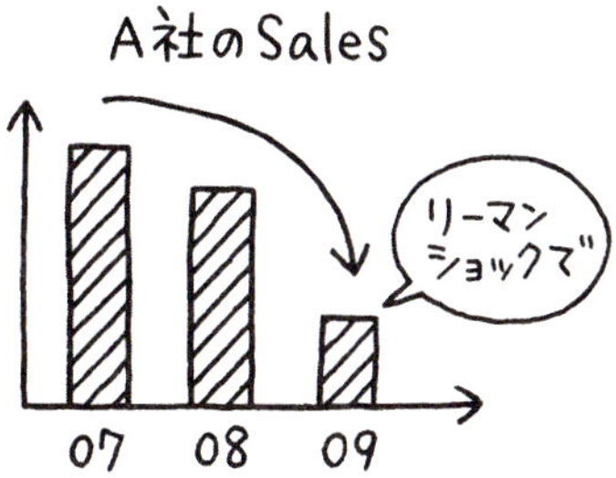
A社のSales
リーマンショックで
07
08
09

リーマンショックで売上が急落。その勢いをトレンドラインで示します

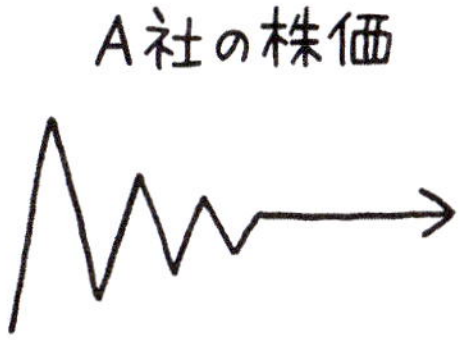
A社の株価

乱高下の激しかったA社の株価ですが、現在は収束状態。安定期に。細かいラインも単純化することで理解しやすい

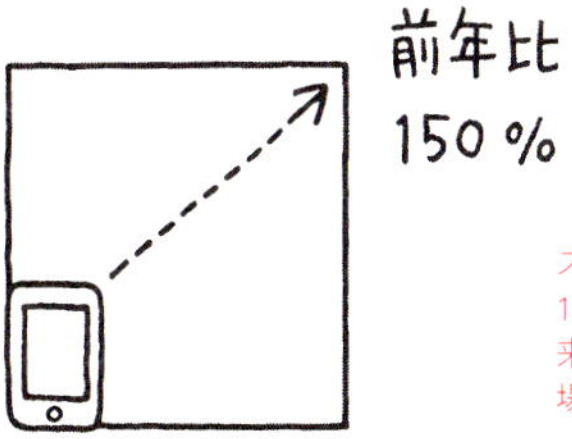
前年比
150 %

スマートフォン市場は前年比150％で拡大する予定？　将来予測だから点線で未来の市場規模イメージを表したもの

ビジネスフレームワークを身につける

小難しい理論より、まず形から入る

論理的思考やビジネスフレームワークというと、とかく難しく考えがちです。MBAで学ぶようなフレームワークも、実は形から入ればそれほど多くの種類がないことがわかります。つまり、形の意味するところさえ、つかめていれば、特段あわてることもないのです。３C分析、SWOT分析、PDCA、バリューチェーン、製品ライフサイクル……どんなに小難しい分析フレームワークだって、形としては右のどれかにおさまります。物事を上手に整理する方法は、なるべく単純化することです。

要素同士の関係性に着目すれば、理解しやすい

ツリー型からグラフ型までありますが、どれも共通して、四角や丸の中に要素が入っており、要素同士がなんらかの線で結ばれていることに気づくでしょう。ポイントはどのように結ばれているかだけです。この結び方に、フレームワーク図のいわんとするメッセージが隠されているのです。

たとえば、ツリー型は、１つの要素から複数の要素へ分岐しています。この意味するところは、１つの要素がいくつかの要素から構成されている関係であり、上司と部下の関係を示す会社の組織図や提案内容とその裏づけデータの関係を示す論理の流れだったりします。いきなり会社の組織図を描いたり、ロジックツリーを描く練習をするよりは、ツリー型の意味を理解することのほうが大事です。いろいろ考えるよりも、まずは右の基本形を各々１つの絵として頭に刻み込みましょう。

形に着目すればフレームワークもパターン化できる

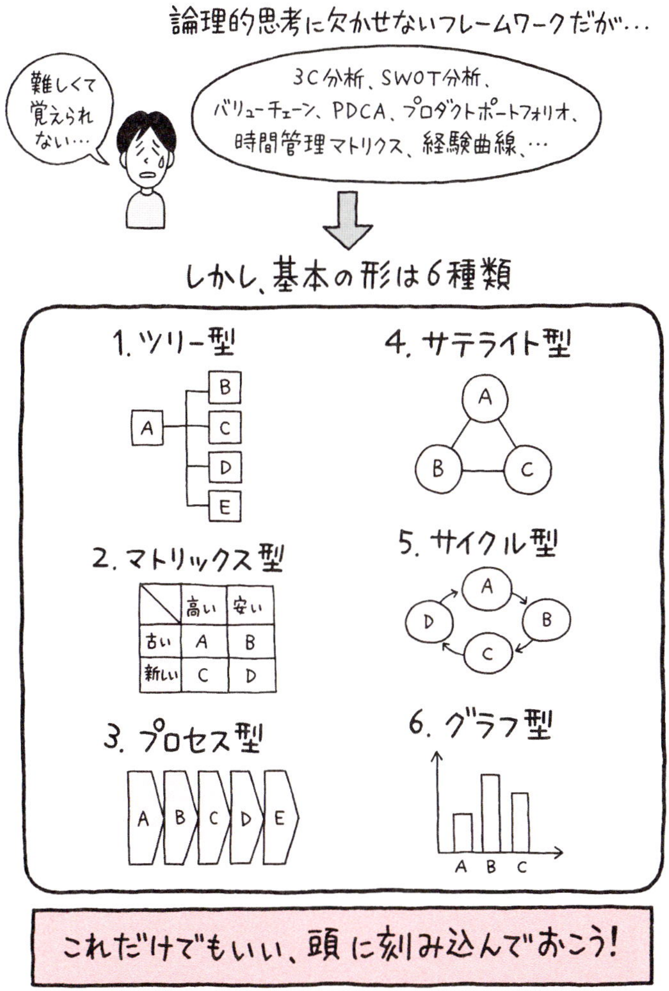
論理的思考に欠かせないフレームワークだが…
難しくて覚えられない…
3C分析、SWOT分析、バリューチェーン、PDCA、プロダクトポートフォリオ、時間管理マトリクス、経験曲線、…
しかし、基本の形は6種類
1. ツリー型
A
B
C
D
E
2. マトリックス型
高い
安い
古い
新しい
A
B
C
D
3. プロセス型
A
B
C
D
E
4. サテライト型
A
B
C
5. サイクル型
A
B
C
D
6. グラフ型
A
B
C
これだけでもいい、頭に刻み込んでおこう!

6つの型で覚える
ビジネスフレームワーク①

ツリー型

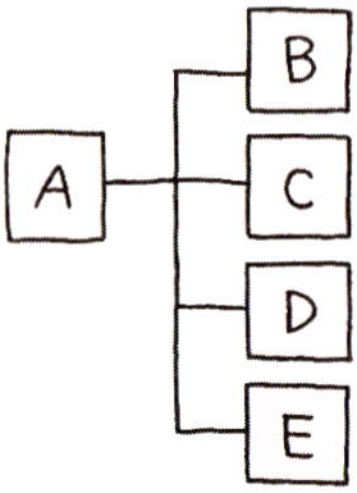

Aをさらに細かく展開するとB,C,D,Eになるという意味で使います

1つから複数へ分岐するこの図は、1つのアイデアからいろんなアイデアを展開するときや、1つの要素にいろんな要素が含まれているような場合に便利な表現方法です。組織、階層、論理などの構造を示す場合によく利用されます。

使ってみよう

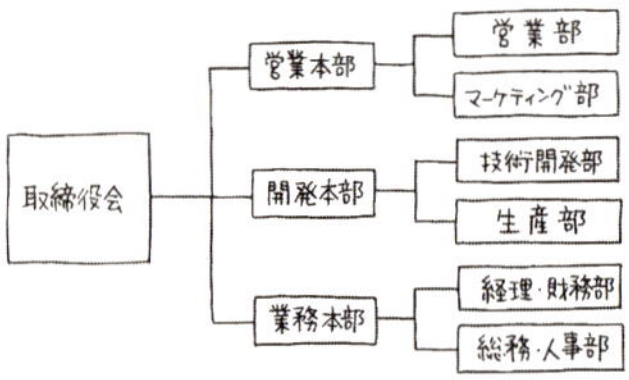

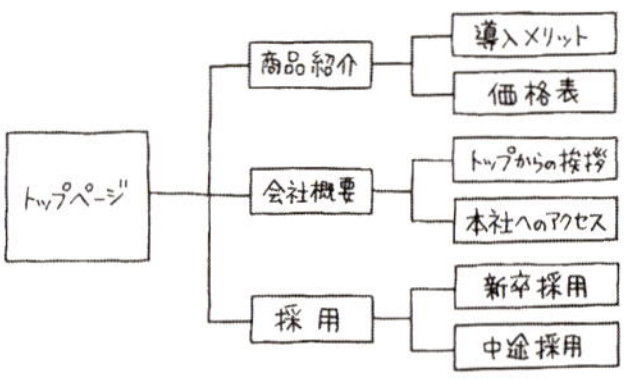

●組織図

会社、地域コミュニティー、サークルなど多くの組織はこうした階層構造で示すことができます。統合責任者から部門責任者へ、上長から部下へといった具合に、責任範囲が具体的かつ限定的になっていくのがわかります

●ホームページの構成図

通称、サイトマップとも呼ばれるもので、トップページから詳細ページへどのようにページが遷移するかを表しています。コンピューターの中のファイル構成を呼ぶ場合は、ディレクトリマップなどと呼ばれることもあります

マトリックス型

	高い	安い
古い	A	B
新しい	C	D

古くて高い＝A、古くて安い＝B……という具合に２軸のかけ算の結果が入ります

２つの異なる視点から情報を分類する場合に使います。縦、横に別々の分類軸をとり、交差するところにあてはまる情報を入れます。大量の情報を整理したいときによく使います。中でも２×２マトリックスはビジネスフレームワークでもっとも頻繁に登場する形です。

使ってみよう

	O 機会	T 脅威
S 強み	拡大する市場など機会をとらえて、どう強みを活かすか？	競合の出現など脅威に備えて強みをどう活かすか？
W 弱み	どう弱みをカバーして機会の利を得ることができるか？	脅威に対して弱みが致命的にならないよう、どう準備するか？

● SWOT分析

縦軸に自らの「強み」「弱み」、横軸に「機会」「脅威」という外部環境をすえ、「機会と強みを最大限に生かした戦略は？」というように交差する４つの象限において、それぞれ戦略を立てていくものです

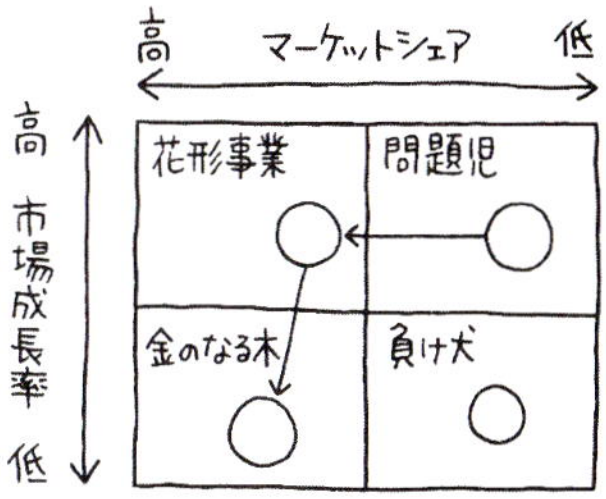

● プロダクトポートフォリオ分析

事業のライフサイクルを４つの段階に分け、もっと投資をしてシェアをとるか、撤退するか、などの大きな判断を行なうためのものです

6つの型で覚える ビジネスフレームワーク②

プロセス型

1方向に向かってモノや情報が流れるさまを表したものです。このタイプでは何がどの順番で処理されるかがポイントで、いろんな活動を「時間」という軸で分解するときに利用されます。プロセスは一方方向で、通常は左から右、上から下へ流れるように描きます。

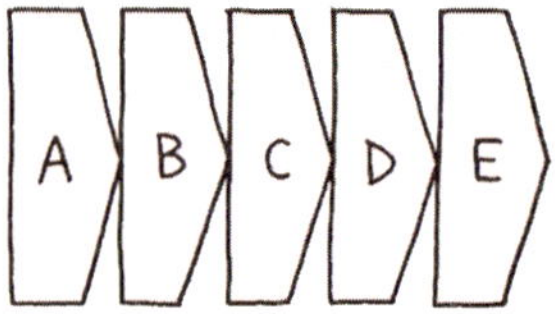

Aから始まりEで終わるという手続きの流れを示します

使ってみよう

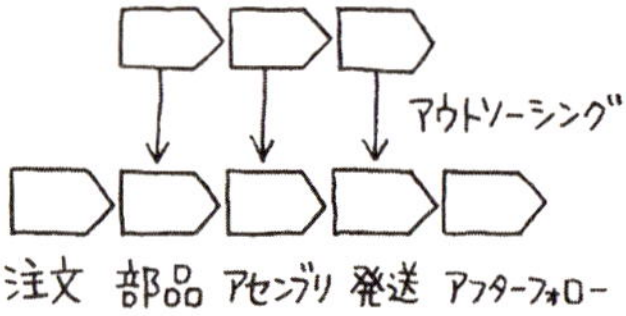

● **AIDMA（消費心理モデル）**

どのような段階を経て消費者が購買行動するかを顧客の心理変化をベースに、モデル化したものです。AIDMAはAttention、Interest、Desire、Memory、Actionという5つの消費者心理の頭文字をとったものです

● **バリューチェーン**

原材料の仕入れから顧客へのアフターフォローなどすべてのプロセスにおいて、どのような付加価値を生み出しているのかを明らかにするのがバリューチェーンです。弱いプロセスはアウトソーシングする、省略するなどの戦略が検討されます

サイクル型

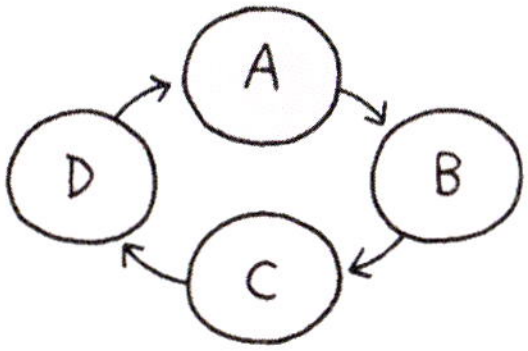

Aから始まり、特に終わりはなく
ずっと回り続けるものを示します

プロセス型と同じように時間軸で分解したものですが、必ずしも始まりや終わりといったものがなく、ずっと循環するのが特徴です。目標達成に終わりはなく、企業における改善活動などでよく利用される形です。

使ってみよう

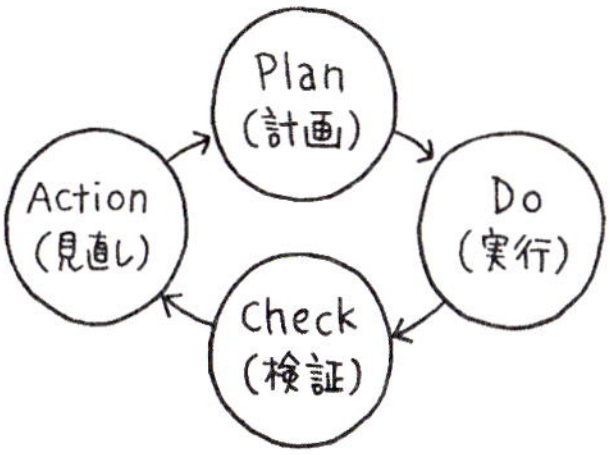

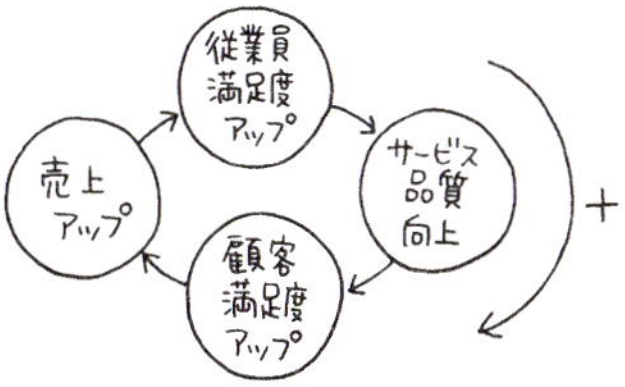

●PDCA

プロジェクトや業務の改善を行なう場合には、初期計画をきちんと立て、実行し、その結果を検証、そして結果を見ながら、初期計画を修正していきます。この改善プロセスの基本となるものがPDCAです

●サービスプロフィットチェーン

社内環境や教育制度、評価制度の充実によって従業員の満足度が高まれば、それがサービス品質や顧客の満足度につながり、企業の利益拡大に貢献します。それを原資にさらに従業員満足度を上げていくサイクルです

6つの型で覚える ビジネスフレームワーク③

サテライト型

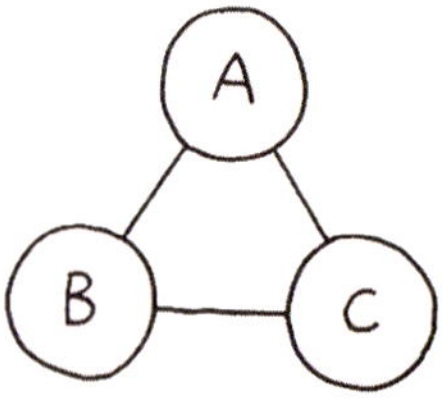

A,B,Cは同列で三位一体であることを表現しています

いくつかの要素がお互いもちつもたれつの関係であることを示している図です。誰が先、誰が主役ということはなく3人、4人といった複数人がチームとして一体化しているイメージを思い浮かべればいいでしょう。見た目のおさまりがよいので、円を使ってますが別の図形でもかまいません。

使ってみよう

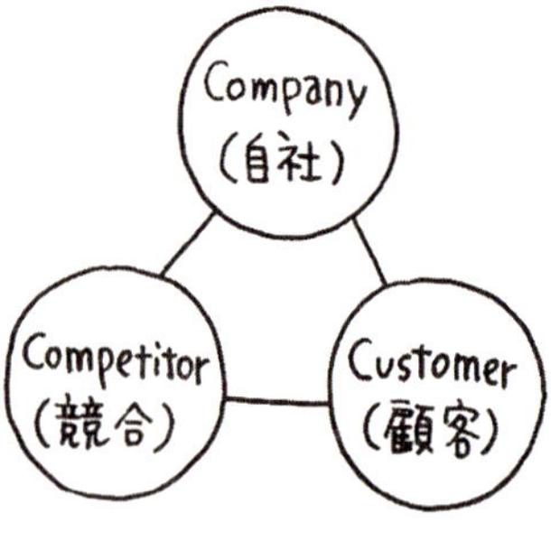

●3C分析

顧客や市場は何を望んでいるか、ライバルはどういう強みを持つか、それに対して自社はどのように打って出るか、を総合的に検討するものです。フレームワーク定番中の定番の1つです

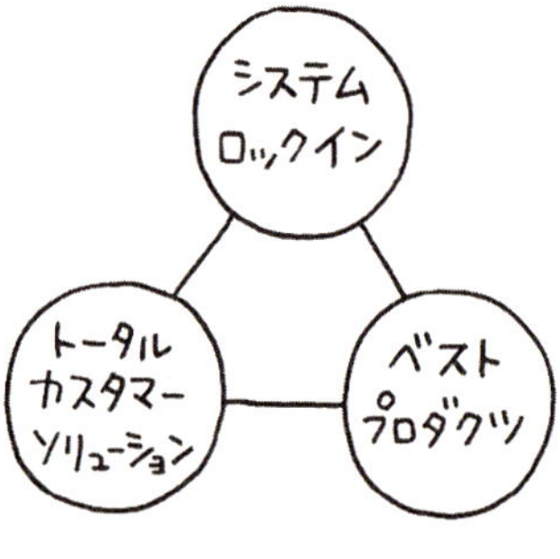

●デルタモデル

事業戦略を3つの方向性から考えます。低コスト生産で勝ち抜くか、顧客満足度を最優先に考えるか、自社ブランドを業界標準として確立させるか。どの戦略を選択するかで、ビジネスモデルが大きく変わるため、大変重要な選択です

グラフ型

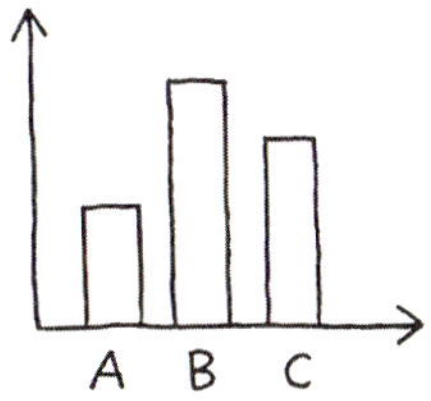

A,B,Cの項目ごとの数量を比べることができます

ビジネスの分析に数値情報を見える化したグラフは欠かせません。数字の羅列だけではわからなかった細かいトレンドが容易に発見できるからです。棒グラフ、円グラフなどさまざまなグラフの形がありますので、目的に応じて使い分けましょう。

使ってみよう

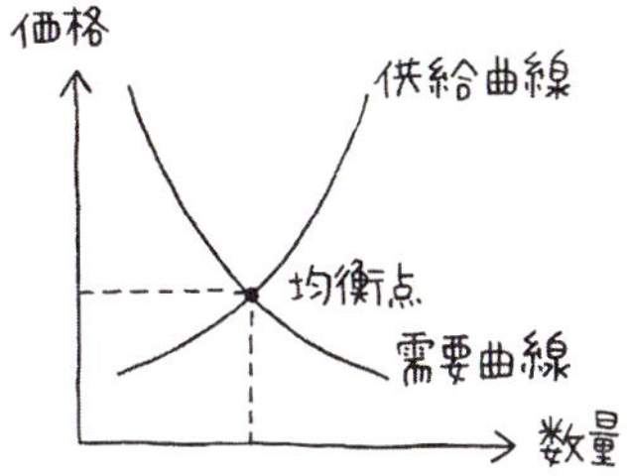

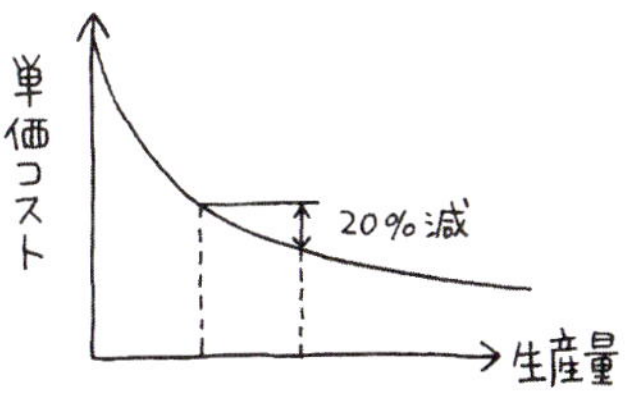

●需給曲線

いわずと知れた需要と供給の関係を示すフレームワークで、２つの曲線が交差する点に実際の取引量、取引価格が収れんするといわれています。

●経験曲線

生産が増えると単価が安くなるといわれています。経験曲線は生産量に応じて単価がどのように低減するのか、その効果を可視化したものです。生産量が2 倍になると単価コストは20～30%安くできるといわれており、これを習熟率と呼んでいます

CHAPTER 7

実践！　９つの例題を絵文字メモにしてみよう

いろんなタイプの絵文字、図解パーツを学んだところで、それらの活用シーンを見てみましょう。会議、提案書作成、アイデア発想、人生の目標を決める……など、さまざまなシーンを想定してみました。「楽しく、かつ効率的に」が絵文字の魅力。あなたなら、どのように描きますか？

①「気持ち」を伝える

部長、今日は新入社員の梅津さんの誕生日なんですよ。
だから、バースデーカードでも書こうかな、と思っているんですけど、字が下手だし、気の利いた文章が思いつかなくって……。

そういったプライベートの文書はあまりうまく書こうとか、おしゃれな文章とか気にしないほうがいいよ。それよりも、しっかり気持ちが伝わるように絵文字を入れてみない？　文章がシンプルでも、絵文字が加わると俄然、イメージが伝わりやすいからね。

携帯でメール送るときには、さんざん使っているんですけど、手紙なんかに手描きで入れたことがないなあ。携帯で送っているような絵文字を入れればいいんですかね？

もちろん。絵文字の魅力は、行間にただよう雰囲気とか、書き手の感情なんかを補足することにあるんだから。うまく書くよりは、シンプルでわかりやすいものが一番さ。

同じ文章でも、文末に入れる絵文字１つで意味がガラリと変わってしまうのは面白いですよね。「もう、いいかげんにしてください」というクレームのような文章でも、その後に笑っている絵とか入れれば、今は大目に見ておくから今後からはしっかりしてね、みたいな温かい感情が伝わってくる。

そうそう、それが絵文字の面白いところ。文章と絵文字の組み合わせしだいで、いろんなトーンが出せるのが楽しいし、人間関係もスムーズになるんだよね。

できた！　たしかに、いつもの淡白な文書に比べたら、見た目も楽しいし、気持ちが伝わるような気がしてきたわ!!

同僚に「誕生日おめでとう」のカードを書く

業務連絡は別として、手描きの文章や絵がもたらすホットなコミュニケーションはメールでは得られないものです

言葉だけだと辛らつなイメージになってしまうような文章でも、顔文字1つで印象がやわらぎます。携帯メールの利点を手描きでも活かそう！

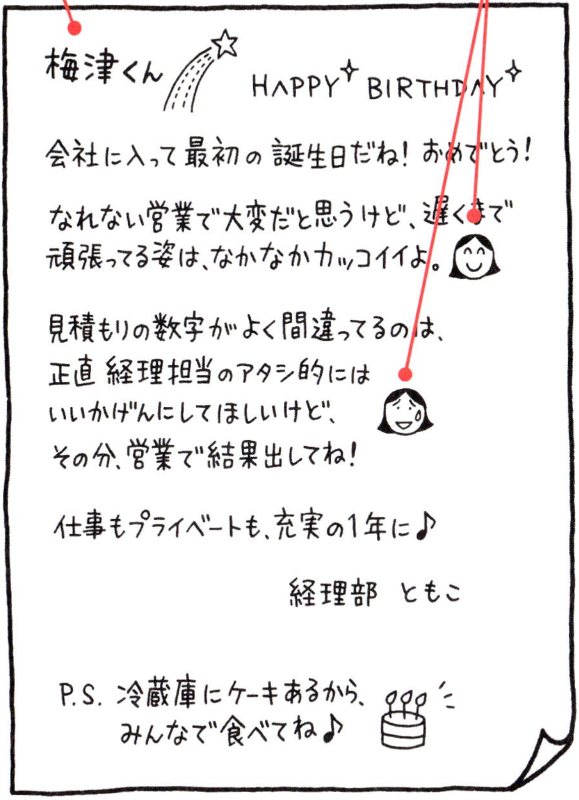
梅津くん　HAPPY BIRTHDAY

会社に入って最初の誕生日だね！おめでとう！

なれない営業で大変だと思うけど、遅くまで
頑張ってる姿は、なかなかカッコイイよ。

見積もりの数字がよく間違ってるのは、
正直 経理担当のアタシ的には
いいかげんにしてほしいけど、
その分、営業で結果出してね！

仕事もプライベートも、充実の1年に♪

経理部　ともこ

P.S. 冷蔵庫にケーキあるから、
みんなで食べてね♪

イメージしやすいイラストや絵文字でリアリティーアップ。
モチベーションが自然と高まります

②「会議」をまとめる

今年の社員旅行ですけど、実施日と予算は大体決まりました。今日の会議では、そろそろ場所を決めたいと思います。アンケートをとった結果、いろんな要望がありました。

へえ、どんな要望？

ええ、2泊3日で行ける予算内で行けそうな場所というしばりで、香港、マカオ、北海道、沖縄、どこか国内の温泉、グアム・サイパンとか……本当にバラバラです。どうまとめていいのかわからなくて……。

なるほどね。それじゃあ、まずみんなの希望の場所を整理してみよう。どんな形で整理するのがいいと思う？

そうですね……。国内か海外か、あと、ビーチか都会かという選択肢があるからマトリックスですか？

いいね！　じゃあ、縦軸に目的「自然（リゾート）を楽しむか、都市（観光）か」、横軸にエリア「国内か海外か」をとって、行き先をマッピングしてみよう。

なるほど。たとえば、沖縄や北海道は自然×国内、香港やマカオは都市観光×海外という具合ですね。でも、この後どうしましょう？

そうだね。自然を楽しむ場合にみんなでできること、都市観光でできる代表的なことをピックアップしてみよう。イメージがわくように絵文字を使ってね。

そうですね……。自然系だとビーチでのんびりとか、キャンプ、BBQとかかな。都市観光なら、名所めぐり、ショッピングとかですかね。

よし、だいぶ具体的なイメージがわいてきたね。そしたら、マトリックスのそれぞれの目的地に対して、よい点に（＋）をつけ、悪い点に（－）をつけて、思いつくものを入れていこう。

海外だと移動時間が負担ですね。サーチャージ（燃料税）も高い。日本では得られない刺激はあると思いますけど。国内の温泉なんかは刺激は少ないけど、近いから便利だし、みんなで一緒に過ごす時間がたっぷりある。自然系だとBBQとかキャンプは盛り上がりそうですね。よし、できた！

ふむふむ。全体像が見えてきたね。ここでもう一度、社員旅行の目的を整理してはどうだろう？　社員旅行は何のためにやるのかな？

一体感を強めたり、普段話をしない部署の人同士の交流とか、そういったことでしょうか？

そうそう。マトリックスの（＋）、（－）を見渡して、なおかつ目的に合うものを見つけてみよう。結論として、どの目的地がいいかな？

北海道か、沖縄ですね。でも、実施日が秋口で北海道だともう寒いかも。そう考えると、沖縄ビーチでみんなでキャンプやBBQをやるのはどうでしょうか？　きっと盛り上がると思います!!（☆次ページへ）

②「会議」をまとめる

まずは、すでに決定済みの与件を描きます。
日程はカレンダアイコン、人数は人アイコン、予算は¥アイコンを使います

目的地（国内と国外）とタイプ（都市とリゾート）の2軸で、マトリックスをつくり、候補地を入れます。その上で、よい点を（＋）、問題点を（－）のマークを入れて、情報を整理してみましょう

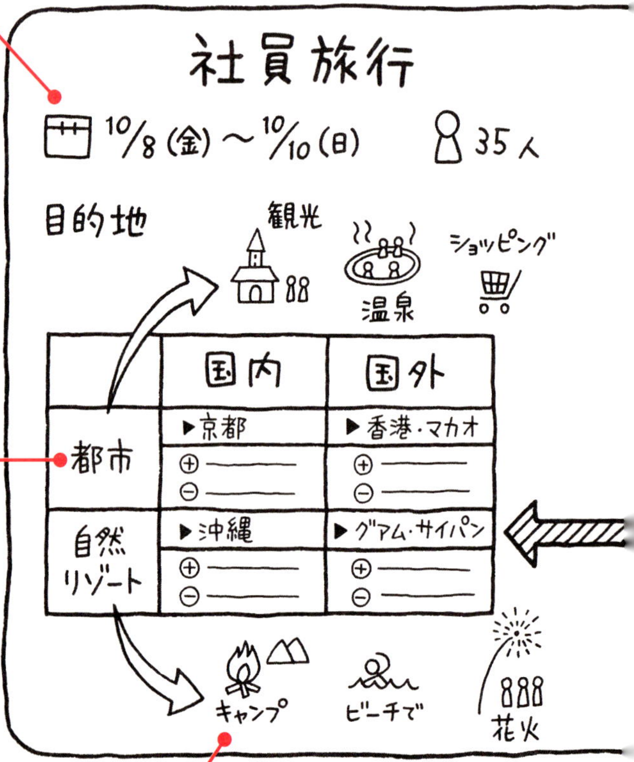
社員旅行
10/8(金)～10/10(日)
35人
目的地
観光
温泉
ショッピング
国内
国外
都市
▶京都
▶香港・マカオ
自然リゾート
▶沖縄
▶グアム・サイパン
キャンプ
ビーチで
花火

滞在地のタイプによって、どのようなアクティビティが可能なのか、絵文字で描いてみると、とてもリアルにイメージできます

そもそもの旅行目的を再確認できるように、短いフレーズでまとめておけば、候補地がそれに適合しているかどうか、一目でわかります

¥ 5～6万円/人
旅行の目的とニーズ
①
②
③

③「提案」をまとめる

新しい新製品のリストウォッチの提案がまとまったんですけど、どうやって社長にプレゼンしようかと思って……。プレゼン資料の作成方法とかいろいろ調べたんですけど、うちの社長は短気だから、じっくり聞いてくれなさそう……。

だったら、1枚企画書にまとめたら？

1枚企画書ですか？　どうやって？？

通常は10枚、20枚になる提案もポイントだけ抽出すれば、1枚の企画書に入れることはできるんだ。いつものA4定型でなくても、A3の大判に要素をまとめれば、結構な情報を入れられるよ。

なるほど、でも、どういうふうに作ればいいんですかね？

プレゼンの流れそのものを、1枚の中に集約するんだ。ほら、プレゼンのときってまずテーマを述べて、全体の概要を最初に説明するだろ？　そして現状の課題や背景を客観的データにもとづいて推論し、自分なりの解決方法を提示する。今回は新製品のアイデアだから、問題解決の方法にあたるのが新製品のコンセプトや具体的なスペック情報になるね。

予算とか販売までのスケジュールなんかはどうすれば……？

商品情報の後に、まとめればいいんじゃないかな。詳細は後回しにして、全体予算の総額とかんたんな内訳。スケジュールもスタートからエンドまでの流れと中間目標だけ記載すればいいんじゃないかな。（☆次ページへ）

「1枚企画書のラフ」

1枚企画書はシンプルがベスト！　目的、サマリー、データなどが一目で把握できるから、経営者や決裁者に喜ばれます。慣れると、通常のパワポスライドで営業するよりも戦績がよくなる傾向あり

ヘッダ部に概要をまとめる。まず、最初に見てもらう部分だから、短い文章で完結に。ここではラフを描くのが目的だから、Z罫だけで終わりです！

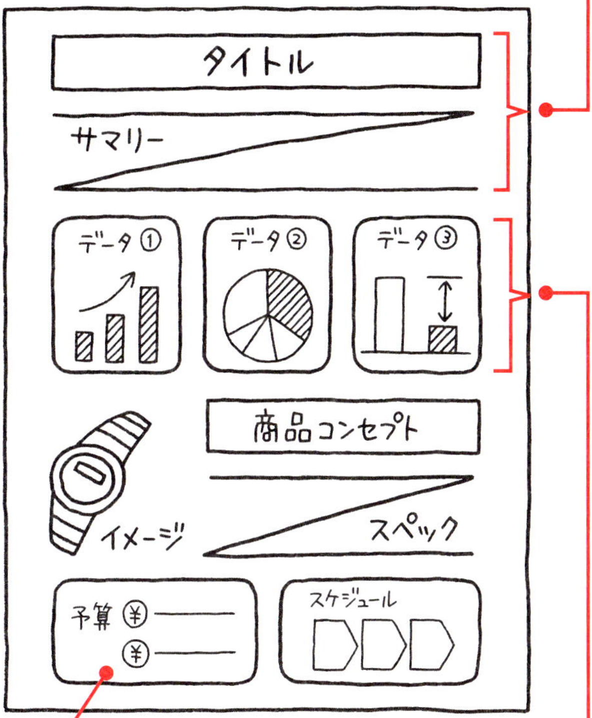

タイトル
サマリー
データ①
データ②
データ③
商品コンセプト
イメージ
スペック
予算
スケジュール

商品コンセプトに続いて、予算やスケジュールなどのディテール部分をまとめてあります。予算は、初期とランニングに分け、スケジュールは3つのプロセスに分けて説明します

データを3つ、どのような表現方法で描くかを入れてあります。見出しはなくとも、何かの推移、割合、ギャップであることがラフからわかりますよね

④「アイデア」をスケッチする

またまた、すごい新製品のアイデアがわいたんです！　その名もスマート・ガイガーカウンター！　iPhoneとかスマートフォンで放射線の線量を計測できる商品です。

へえ、スマートフォンで放射線量なんて量れるのかい？　そういったものは、高額な専用装置じゃないと無理だと思ってたよ。

実はかんたんな電子回路で測定ができるみたいなんです。自作キットもあるみたいですし、それをスマートフォンで数値表示とか記録とかできれば売れるんじゃないでしょうか？

企画書を書くのもいいけど、商品イメージが明確なのであれば、自分のアイデアをスケッチしてはどうかな？　文章主体の提案書よりもわかりやすいし、インパクトがあるはずだ。

でも、絵を描くのは苦手でして……。

絵がうまい必要はないよ。スマートフォンにつないだときに、どんな表示になるのか、ユーザーは実際にどのように使うのか、そういった情報が伝えられれば、うまい下手は関係なし！　なるべくわかりやすくする、これがポイントだから。

なるほど。スマートフォンの画面のイメージはもうあるんです。スマートフォンとBluetoothという無線通信でつながれた小さなセンサーから最新の放射線量が送られてくると、その数値と過去の線量を時間経過とともにグラフ化するんです。
あと、計測地をGPSで識別し、地図上で共有したり、仲間とシェアしたりできるようなイメージです。

そりゃ、いいね。手軽に放射能の数値を測りたい人は多いだろうし、ニーズは大きいね。ところで、外部のセンサーを持ち歩かないといけないのはちょっと面倒かもしれないね。

そうなんです。だから、装置自体をボールペン型に集約してポケットに挿したりして、持ち歩きに違和感のないようにしたいと思っているんです。

スケッチを描く場合は、胸ポケットにセンサーを挿した人の絵（使い方のイメージ）と、センサーとスマートフォンの間でどのように動くのか（機能のイメージ）を分けて描くといいかもしれないな。そのほうが小型で使いやすい上に、高機能である面を強調できると思う。

なるほど、そうですね。
機能に関しては、どのように説明すればいいですかね？

絵と文字は常にセットにすること。文字による説明だけ別の場所に書いてあると、どの部分と結びついているのがわかりにくくなるからね。絵の部分から線をひっぱったり、ふきだしをつけたりして、説明や注意書き、機能名などを入れるといいだろう。

よし、できた！（☆次ページ参照）　これはヒット間違いナシね。

④「アイデア」をスケッチする

解説すべき部分は、ふきだしなどを使って、関係する位置に入れたほうが親切です

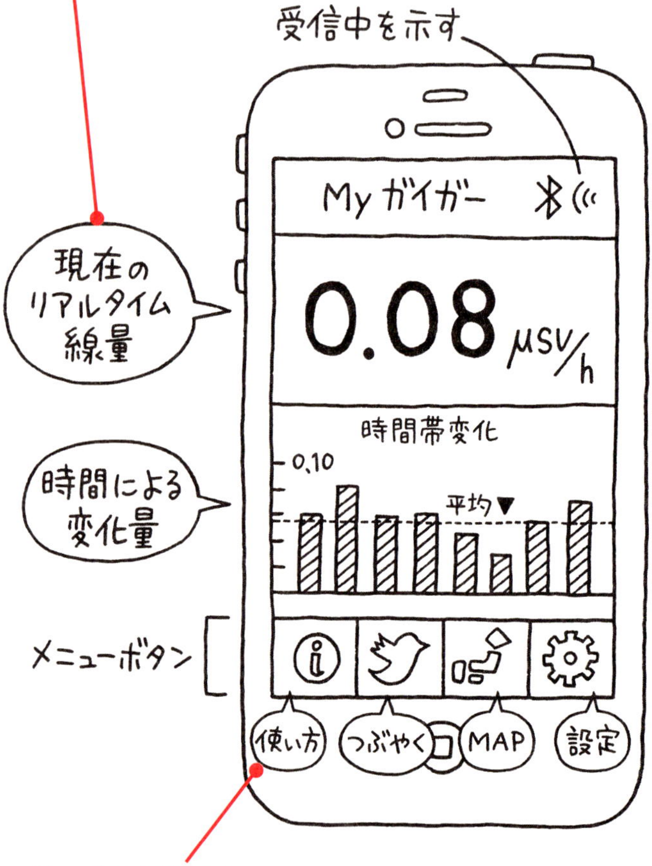
受信中を示す
Myガイガー
現在のリアルタイム線量
0.08 μSv/h
時間帯変化
0.10
平均▼
時間による変化量
メニューボタン
使い方
つぶやく
MAP
設定

メニューボタンに表示される操作アイコンはなるべく誰もがイメージできるように一般的なものを採用しましょう

新製品の企画アイデア「iPhone放射能測定器」

ワイヤレスでデータを送信する点がポイントだから、波のマークを入れて雰囲気を出してみました。一応、ブルートゥースは世界標準規格だから、その公式アイコンを入れておきましょう

ペンのノック部分が測定機能のオン・オフになっていることがわかるように矢印で補足

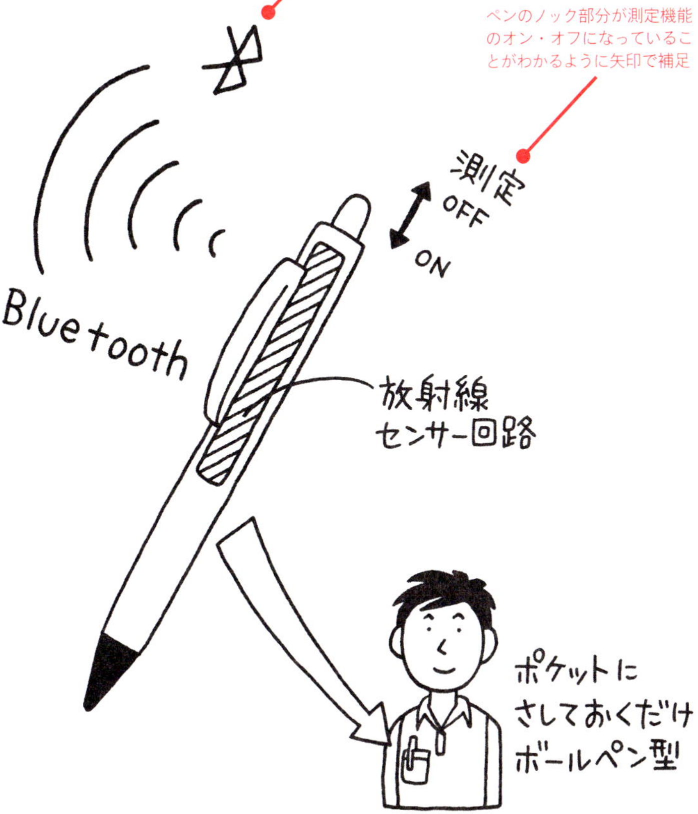
Bluetooth
測定
OFF
ON
放射線
センサー回路
ポケットに
さしておくだけ
ボールペン型

利用イメージや手軽さがイメージできるように、ポケットにさした絵を添えます

⑤「文章」をまとめる

先輩！　実は新製品チームから社内報の編集部に異動になっちゃって。

そうなんだ。せっかくのアイデアだったのに残念だね。ところで、今日は何かな？

社内のいろんなニュースをまとめて、記事を書かなきゃいけないんですけど、私そういうの苦手で。面白おかしく書く自信がないんですよね～。

別に面白く書こうとしなきゃいいんじゃないかな？　あまりウケを狙うと力んで書けなくなるよ。それよりも、文章のストラクチャーがしっかりしていることのほうが大事だよ。

ストラクチャー……、ですか？

そう、文章の構成方法のこと。ニュース記事の場合は、読者の興味をひき、短い文章で的確にポイントを伝えなければいけない。その書くコツをまとめたものがストラクチャーだよ。こんな感じのピラミッド型で考えるといい。（☆次ページ参照）

ふ～ん、全体から詳細へという流れなんですね。詳細へ行くほど情報量が増えるということですか？

そう、新聞や雑誌なども紙面には限りがあるから、文章全体のうち、骨となる大事なポイントから話をしていく。紙面に余裕がある場合は、さらに詳細な情報を追加して、肉づけしていくわけだね。この構造を示したものがピラミッド型の構成図さ。

これを頭に入れて、文章をコンパクトにまとめればいいんですね。ありがとうございます。

ピラミッドは全体から詳細、上位から下位へ、という構造を示すときに使われる典型的な形です

ニュースの場合、ぜい肉をそぎ落とし、短くしてインパクトのある見出しが決め手になります

新聞では一番重要な部分が見出しとリード。ここで、事件の全体像が網羅できなければダメ！　５Ｗ２Ｈをおさえることがポイントです

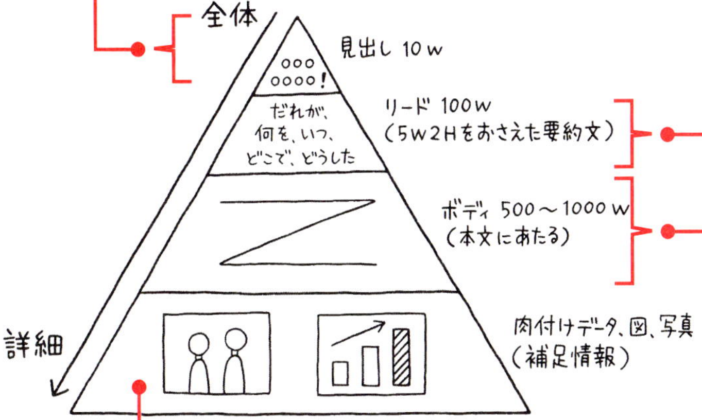
全体
見出し 10w
ooo
oooo!
リード 100w
(5W2Hをおさえた要約文)
だれが、
何を、いつ、
どこで、どうした
ボディ 500～1000w
(本文にあたる)
詳細
肉付けデータ、図、写真
(補足情報)

肉付け部分は、よりリアリティーを生んだり、共感できるようなデータ、図、写真などを補足する部分ですので、そのイメージを入れてみました

ボディー部分は本文だからテキスト中心。テキストはいつものようにZ罫で代用します

⑥「予定」を書き込む

先輩、先輩。この間、予定表に絵文字を使ったほうがいいっていってましたけど、どういうことなんですか？　私なんか、普通に予定を文字で入れているだけですけど。たとえば、「○○子と食事」みたいに。

予定表にも絵文字を使うメリットとしては、予定のリアルなイメージが浮かぶということがあるよ。楽しいイベントであれば、それを見るだけでウキウキし、ポジティブな気分になれるだろ。

そっか、そのために仕事もがんばれる！

そうそう。それに、たとえばゴルフの約束だと、ティーアップしたゴルフのイメージなんか入れておけば、「あっ、そういえばクラブとボールの準備しておかなきゃ」という具合に忘れ物の防止にもなるよ。
誰かの誕生日なら、ケーキやプレゼントの用意も必要だろ？

たしかに。いつも、当日になって気づいて、あわててケーキ買いにいったりするもんな～（汗）。でも、手帳って全部絵にするとわけがわからなくなるんじゃないですか？　やっぱ文字で書いたほうが明確だと思うんですけど。

文字の代わりに絵文字を使うというより、文字情報を補うものとして絵文字を使ったほうがメリットが大きいと思うよ。
無理やり、絵文字にする必要はないけど、絵文字を加えることで予定表を見るのが楽しくなり、見る回数も増えるはず。スケジュール管理する事自体が楽しくなるというのは、生産性向上にも大いに役立つことなんだ。

ふ～ん、なるほど。そうかもしれませんね。ほかに何かコツはありますか？

予定表のスペースは限られているからね。なるべく文字量を減らす工夫が必要だね。「田中社長と会議」とするより、英語の略号なども組み合わせて「Mtg w/ 田中CEO」（w/はwithの意味）としたほうが画数の多い漢字を書くより時短にもなる。合わせて、英語の勉強にもなるしね。予定を英語化するのは、2つの意味でメリットがあると思うよ。英語で手帳をつける書籍がいくつか出ているので参考にしてみるといい。

なんだか、かっこいい！　なんかデキルOLな気分になってきました！
……こんな感じかしら？（☆次ページ参照）

いいんじゃない！　出張なんかも、往路は飛行機の出発するイメージ、復路は着陸のイメージなんかにしておくとイメージしやすい。
それにしても、週末忙しそうだね……。遊びで……。

それって、嫌味ですか？　ウィークディにあまり予定が入っていないのに、週末ばかり遊びが入っていると思ってるんでしょ！（怒）。

いやいや、そんな意味では……（汗）。
でも、偉いなあ。毎週末、しっかり1時間もランニングを続けているなんて。
そういう努力が君の美容と健康を支えているんだろうね。

いえっ、まだ全然走ってなくて。

えっ！？　まだ一度も走ってないの？

⑥「予定」を書き込む

オンラインでスケジュール管理するまではこんな感じで手帳に描いてました。
実際には、もっと1時間刻みで予定が入るので、紙面が真っ黒でしたが……

11月
Monday
Tuesday
Wednesday
2
3 文化の日
4
19:00～
MR 同窓会
9
10
11
A社とNDA
16
13:00～
Sales Div.
合同Mtg
17
18
23
24
25
小田原工場 視察
30
次ページへ
31

Mtg（会議）、Div（事業部）、NDA（機密保持契約）、@（場所）など、頻繁に使う用語は略号や記号化してメモすると、効率がいい毎週日曜日はランニング。
最低でも1時間は走ろうと決意

Thursday
Friday
Saturday
Sunday
1
RUN
min
1HR
5
6
7
Shopping
@銀座
8
RUN
min
1HR
12
10～11:00
Mtg w/
吉田 Mgr
13
14
コンペ
@赤坂CC
15
19
18～19:00
Mtg w/
田中CEO
20
21
22
RUN
min
1HR
26
27
28
SIN 出張
SQ 633
0:30 HND → 6:55 SIN
29
Don't forget my Mother's Birthday!
12/02

ゴルフコンペ、ショッピング……。
楽しいイベントはなるべく具体的なイメージがわくようにおくと、そのためにがんばれます

シンガポール出張の予定と、フライト時刻も入れておく。飛び立つ飛行機が出発の印

忘れがちな、大事な人の誕生日や記念日。
やるべきこと（ケーキを用意する、プレゼントを買う）を絵文字で描くと忘れない

⑦「商談」をメモる

（顧客企業にて……）部長、今日は、お声がけいただいて光栄です。お電話でうかがったところ、今回の案件は、投資家向けのプレゼンテーションを映像で配信したいということでしたが……。

そうなんです。ご存じのように、弊社は上場企業ですし、来月には決算報告や経営戦略についての説明を投資家に行なう必要があるんですが、文書を配布するというだけだと、なかなか中身が伝わらない……。

そこで、社長自らがそうしたIRに関する発表を映像でタイムリーしたいというわけですね。そうなると、インターネットでのライブ配信ということになりますか？

まあ、ライブですと長くなりますし、社長が間違っていってしまったオフレコ情報なんかが入るとマズイので（笑）、できれば録画して、そうした部分を編集した後に配信したいと考えています。

なるほど、ビデオ収録、編集、それから配信ですね。ふむふむ。放映する内容は具体的にどのようなものになりますか？　時間配分やビデオ内に入れるべき素材なども合わせて教えてください。

そうですね。まずは売上などの決算報告。これが3分の1。
次に、経営戦略が３分の１。新製品を説明します。
残りは実際に投資家たちとの質疑応答の模様です。

ビデオの配信は専用のページから行ないますか？　それとも、Youtubeとか一般的な動画共有サイトを使いますか？

顧客ヒアリング「投資家向け説明会のサポート」

できるだけ無駄なコストは省きたいので、今回はYoutubeを考えています。会社の広報用のFacebookやTwitterでも、その告知をしたいですね。

ありがとうございます、必要な機材や作業も大体検討がつきました。
お聞きした内容をまとめますと、こんな具合ですが、何かモレなどはありますでしょうか？（☆次ページ参照）

ほお、素晴らしいメモですね。絵がお上手で。

絵がうまいわけではないんですが、お客様の要件を箇条書きでメモしただけだと、ヒアリングにモレがあっても気づかないんです。だから、図解を使ってメモるようにしています。

へえ、それはいいことですね。
そうそう。そういえば、撮影したビデオはDVDにして顧客に配布できるようにもしたいと社長がいっていました。

DVDですね？　何枚くらいでしょうか？

そうですね。希望者がいれば、基本的には差し上げたいと思いますんで、さしあたって1000枚くらい準備してもらえればと思います。

了解しました。本日、このメモをもとに制作スタッフとミーティングを行ないたいと思います。要件は整理されているので、明日には正確なお見積もりを提出できると思います。

それはありがたい！　ご連絡を待ってますよ。

⑦「商談」をメモる

商談メモは相手の言ったことをすべて書き写す必要はありません。
本当に大切な要点だけを簡潔にまとめることが何よりも重要です

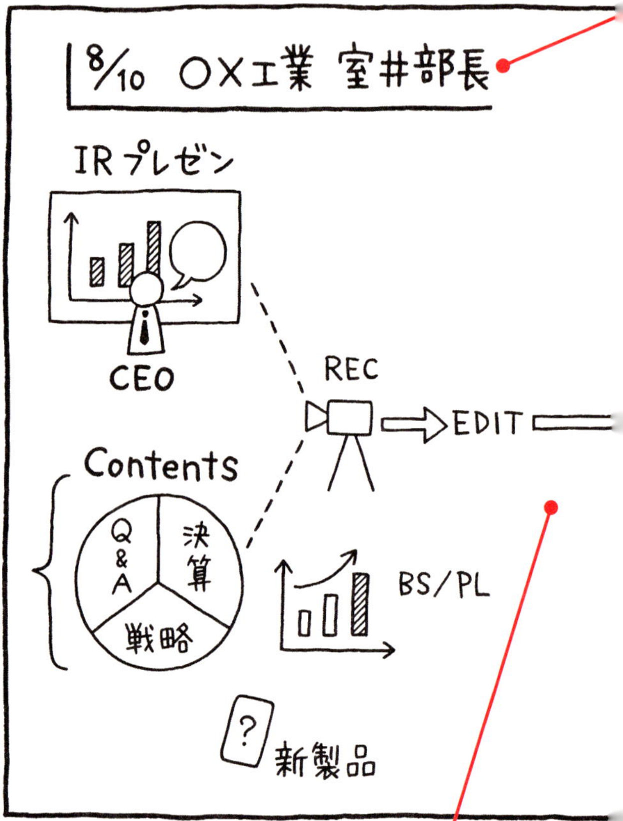

8/10 ○×工業 室井部長
IRプレゼン
CEO
REC
EDIT
Contents
Q&A
決算
戦略
BS/PL
?
新製品

誰が（CEOが）、何を（IRプレゼンを）行なうかがわかるようにスケッチ。コンテンツの内容も円グラフを3つに分類して示されているので、どのような資料がくるか一目でイメージできますよね

太い矢印で、全体の作業の流れが一目で分かるように。作業として大きく、録画、編集、配信と3つのプロセスに分けました

商談メモの基本要素。日付、顧客名、担当者名を入れます

配信後に、FacebookやTwitterで口コミ効果を狙うことがわかるようにサービスのアイコンを絵文字で表現。視聴端末はPC、携帯など多種多様です

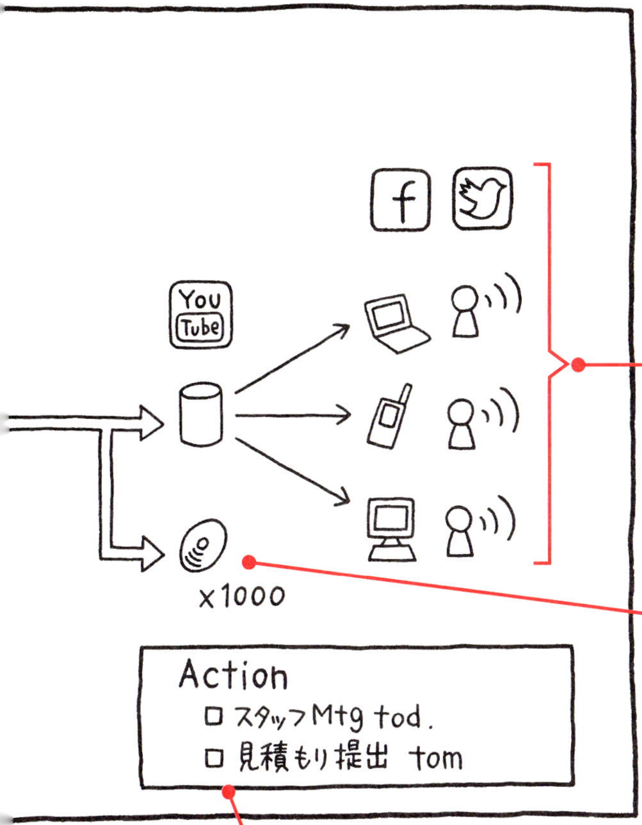
You
Tube
x1000
Action
□ スタッフMtg tod.
□ 見積もり提出 tom

ストリーミング配信とは別にDVDに収録して1000枚コピーをとります。DVDは盤面の光沢が特徴です

メモとは別に囲み線の中に、必要なアクションを書き込む癖をつけると、タスクのヌケやモレがなくなりますよ。私はメモをパラパラめくりながら、やり残したアクションがないかをことあるごとにチェックしています。タスクの文頭にチェックボタン、文末に締切日を記載するといいでしょう。ここでもtod（今日）、tom（明日）、Mtg（会議）など略語を活用しています

⑧「プレゼン」の構想をまとめる

わ〜、どうしよう!?　専務に、社内の経費削減のアイデアをまとめて、みんなにプレゼンしろ!っていわれちゃって。プレゼンってあまり慣れないし、どうやっていいのかわからなくて。まず、資料の作り方を教えてください。

資料をいきなり作るよりも、まず、構想をまとめるほうが先だよ。資料はその後。構想はプレゼンの骨にあたる部分だから、しっかり作らないとね。

構想……、ですか？　でも、どうやってまとめるのかしら？

かんたんな構想図を描けばいいんだよ。「現実」「理想」「提案」の３つの要素の関係性を示すこと。そんなに難しくはないよ。まずは、アイデアの前提となる背景を明確にしないとね。「なぜ？　アイデアをプレゼンしないといけないのか」

それは、決まっているじゃないですか？　経費が膨らんでるから、削減したいんですよ。

なるほど、「理想の姿」は「経費が削減された状態」。「現実の課題」は「経費が膨らんだ状態」。具体的には、どのくらい削減したいのかな？

専務は、「目標は2割カットだ!」といってましたけど……。

なるほど、２割カットね。これで、目標は明確だね。ところで、今はどんな経費が膨らんでいるのかな？　問題点はどんなものがあるのかい？

そうですね。たとえば、みんな気兼ねなしに高いカラーコピーを使ったり、深夜残業でタクシー帰りになったり、海外のお客さんとの長電話で通信費も上がっているし……。そうした無駄がなくせれば、すぐに2割くらいカットできると思いますけど。

なるほど、「現実の問題」である「無駄な経費が多い」の具体的な例として「無駄なカラーコピー」「高い深夜タクシー」「長い国際電話」があるわけだ。これを線で結んでおこう。ところで、これらの無駄はどの程度、減らせるのかな？

本当に営業に必要なカラーコピーだけにすれば、コピー代は50％くらいになると思います。深夜タクシーは、業務だから仕方ないけど気をつければ20％くらいは減らせるんじゃないかな？　国際電話は、全部電話で済ますのではなくて、細かい話はメールで送っておいて、電話では確認だけにするとか工夫すれば、やはり20％くらいは削減になるんじゃないかと思います。

それは素晴らしいアイデアだね。構想図では、「理想の姿」が「コピー代50％ダウン」「深夜タクシー 20％ダウン」「国際電話代20％ダウン」となるね。これを「理想」から線でのばしてつなげておく。
あとは具体的な削除活動の「提案」だね！

深夜タクシーも上長の許可制にしたほうがいいわ。国際電話の利用料金を担当者別に計算して、掲示板に貼りだすというのもいいですね。どんどんアイデアが浮かんでくるわ！！

構想図を描いているうちに、頭の中のモヤモヤがすっきりして、提案の趣旨やアイデアがはっきりしてくるんだ。プレゼンも絶対うまくいくと思うよ！

⑧「プレゼン」の構想をまとめる

現実の問題をドリルダウン（概要から詳細へ展開）してみました。コピー枚数の多さを重なりで、深夜タクシーは月を入れることで時間帯を、長電話はフキダシを複数入れることで長さを表現しています

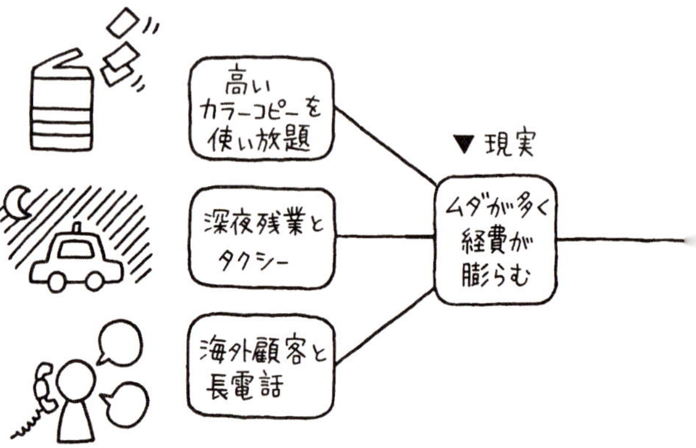

高い
カラーコピーを
使い放題
深夜残業と
タクシー
海外顧客と
長電話
▼現実
ムダが多く
経費が
膨らむ

提案の具体的内容を３つピックアップ。注意喚起のポスター、上長の印鑑、電話代の明細書など、目に見えるもので代用することで、わかりやすくなります

カラー 120円
モノクロ 10円
OK
Aさん

この「現実」と「理想」のギャップを「提案」が埋めるという、プレゼンの構想図を頭に叩き込んでから、説明したり、プレゼン資料を作ったりすると、効率的です。骨がしっかりしていれば、多少あらっぽくても、メッセージはしっかり伝わりますので……

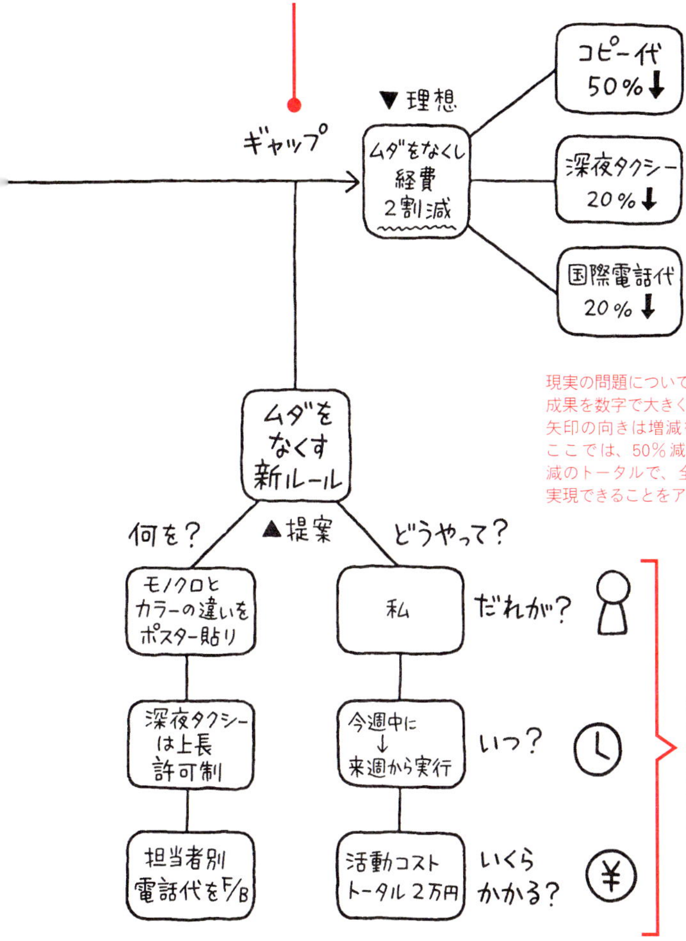
▼理想
ギャップ
ムダをなくし
経費
2割減
コピー代
50%↓
深夜タクシー
20%↓
国際電話代
20%↓
ムダを
なくす
新ルール
何を？
▲提案
どうやって？
モノクロと
カラーの違いを
ポスター貼り
深夜タクシー
は上長
許可制
担当者別
電話代をF/B
私
だれが？
今週中に
↓
来週から実行
いつ？
活動コスト
トータル２万円
いくら
かかる？
¥

現実の問題について、各々具体的な成果を数字で大きく表してみました。矢印の向きは増減を示しています。ここでは、50％減、20％減、20％減のトータルで、全体経費2割減を実現できることをアピール！

どんな提案も、人、スケジュール、予算などの実行手段に関する情報がないと前に進みません。ここでは絵文字は使いませんでしたが、キーワードだけ記入しました

⑨「人生の夢」を描く

（年初にて……）

よく「今年こそ●●やるぞ！」って決めるじゃないですか。そしてノートに「やりたいことリスト」を書くんですけど、いつも達成できないで終わるんですよね。先輩は、いつもどうやってモチベーションをキープしているんですか？

うん、そうだね。その話をする前に、「今年こそ●●やる」という目標は何のために行う目標なのかな？

まあ、いろいろですね。ダイエットだったら、キレイになりたいとか。貯金が少ないから、今年こそ100万円貯めようとか。しっかりした資格が欲しいからファイナンシャルプランナーの試験を受けてみようとか……。

なるほど。モチベーションがキープできないのはそのせいだね。つまり、目的が最終的にどうつながっているか、自分自身でよくわかっていないからだよ。

どういうことですか？

つまり、キレイになる、100万円貯める、FPの資格をとるというのが人生の最終ゴールではないはず。つまり、その先にはもっと重要な夢や大事にしたい価値観というものがあるんだ。それがわかってないから、いざやろうとすると、食事制限がつらいからやめたくなったり、試験勉強が大変で資格がとれなかったりする。もっと重要な目的や夢のためであれば、目先の多少の苦労は乗り切れるものだよ。

う～ん。具体的にはどうすればいいんですか？

「価値観マップ」を描いてみることをオススメするね。まずは、自分の成し遂げたいことを並べてみる。そして、それが達成された結果、どんなことにつながるかを→でつないでいく。そうすると、自分が本当に大事にしたい夢や価値観というものが明確になってくる。

先輩の価値観マップ、見せてくださいよ。

ああ、いいよ。たとえば、ホワイトボードにざっと僕のやりたいことや、大事にしたいことを無造作に描いてみるよ。この際、いつまでにやるかは置いておくよ。そして、→で結んでいく。たとえば、「自分の会社を大きくし、スタッフも豊かになる」という目的が達成されれば、「人間的成長」「学校をつくりたい（会社を大きくする過程で教育のノウハウが蓄積するから）」「老後も安心1億円の金融資産」に結びつく。こんな具合に、どんどんつなげていくと、ほかから→がきている終点の項目がいくつかあることがわかるでしょ。これが、実は一番大事にしたい最終ゴールになっているはずだよ。

ふむふむ。先輩の場合は、「家族と仲よく」なんですね。やっぱり♡

そう。いろんなやりたいことの先にあることがはっきりすれば、ダイエット中でも、試験勉強してても、軸がブレないよ。なんせ、自分が人生で一番大事なことにつながる行為をやっているわけだから。逆に、そうでないものは、目標にあげないほうがいい。どんなに遠回りでも、最終目的につながってさえいればモチベーションはキープできるはずだよ。

⑨「人生の夢」を描く

ビーチに寝転んだイメージなど、なるべく具体的にやりたいこと、成し遂げたいことを絵にします。多くの人が早くリタイヤして、南国へ……と夢を語ります

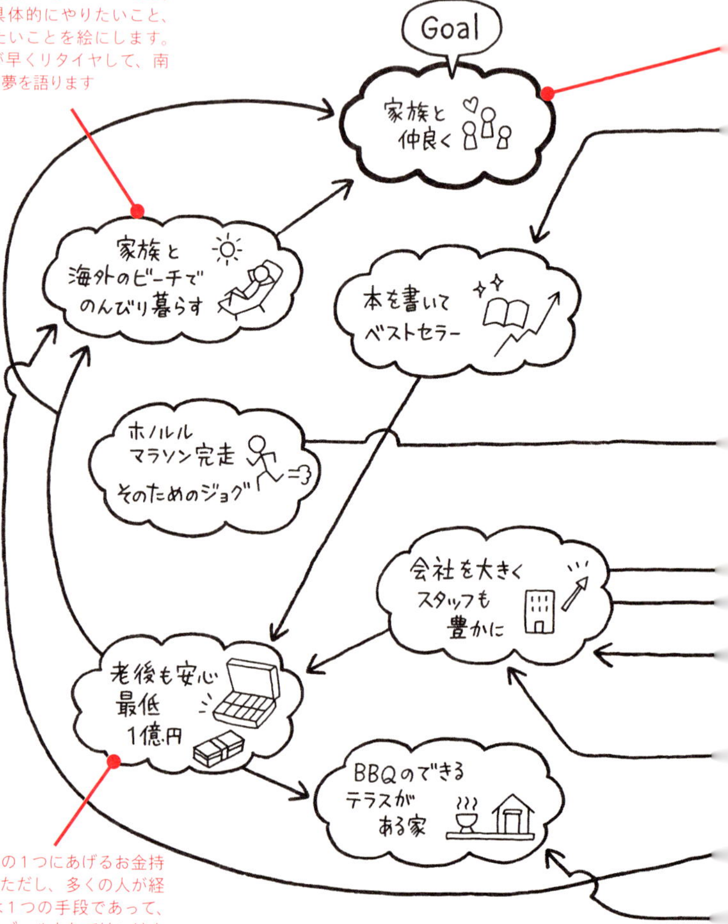

Goal
家族と仲良く
家族と海外のビーチでのんびり暮らす
本を書いてベストセラー
ホノルルマラソン完走
そのためのジョグ
会社を大きくスタッフも豊かに
老後も安心
最低1億円
BBQのできるテラスがある家

誰もが目標の1つにあげるお金持ちへの夢。ただし、多くの人が経済的成功は1つの手段であって、人生の最終ゴールとしてはいけません。お金は墓場まで持っていけませんからね

矢印の終着点は、自分自身が一番重要視している価値感になることが多いのです。すべては、このゴールのためにつながっているのだ、とわかれば中間目標へのモチベーションも上がるはずです

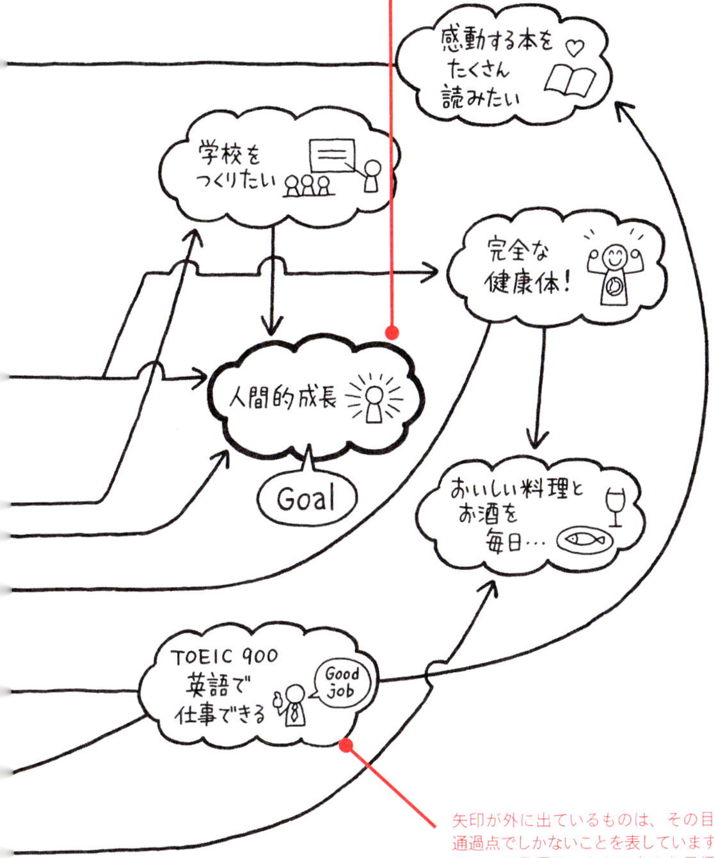
感動する本を
たくさん
読みたい
学校を
つくりたい
完全な
健康体!
人間的成長
Goal
おいしい料理と
お酒を
毎日…
TOEIC 900
英語で
仕事できる
Good
job

矢印が外に出ているものは、その目標が通過点でしかないことを表しています。こういった目標は、さらに大きな目標のための中間目標、マイルストーンと考えます

CHAPTER 8

絵文字ノートを持ち歩こう！

ここでは、絵文字メモやノートをどのように管理するか、そしてビジネスの現場でどう利用するかを説明します。スマートフォンの普及によって、私たちはどこでも手のひらに巨大なデータを持ち歩けるようになりました。さらにクラウドサービスを利用すれば、それをＰＣ、携帯電話、外出先のネット環境から、いつでも共有することができます。

描いた絵文字ノートを持ち歩く

脳みそを100％使うために

会議のメモをいきなりPCで入力したりする人や、企画のアイデアをいきなりメモ帳ソフトに書き出す人をたまに見かけますが、私は絶対オススメしません。なぜなら、どんなにＰＣの操作に習熟した人でも、意識せずに脳のエネルギーの一部を機械の操作にとられてしまうからです。そうすると当然、本来エネルギーを注ぎ込まなければならない情報の整理や判断にさくことのできる能力が限定されてしまいます。私が情報を記録したり、整理したりするのは手描きが一番だと主張するのは、こうした理由からです。

大量のノートを持ち運ぶことはできない、その解決策は？

ただし、ノートやメモは手描きが一番ですが、量が増えてくると持ち運ぶことができません。たまに過去のメモを参照したいときがありますが、かといって過去のすべてのノートを持つのは非効率です。ではどうすればよいか？　その１つの解決策がスマートフォンです。

過去のメモをすべて持ち歩くのは不可能

スマートフォンならららくに実現可能

手のひらにすべての情報を

スマートフォンは携帯電話の進化系ととらえる人もいるようですが、実体としては携帯というよりも、手のひらに収まるパソコンと考えたほうがよさそうです。16ＧＢ、32ＧＢなどかなりの容量を持ち、どこでもインターネットにつながる手のひらパソコンには、過去の手描きメモをすべて収録してもまだ余裕があります。

知的生産性を高める革命的な道具

実際、私は自分のスマートフォンで、作業中や進行中のプロジェクトだけでなく、仕事もプライベートも含めてすべてのファイル、手描きのメモやノートを持ち歩いています。だから、どこにいようが、何のプロジェクトだろうが、すぐに情報をとり出せるのです。これは、革命といってもいいほどの知的生産性の高い道具だと思います。まだ、スマートフォンデビューしていない人は、端末代やパケット代を考慮に入れても、飛躍的に時間効率が上がりますので、購入することをオススメします。

資料編

絵文字ノートのクラウド化

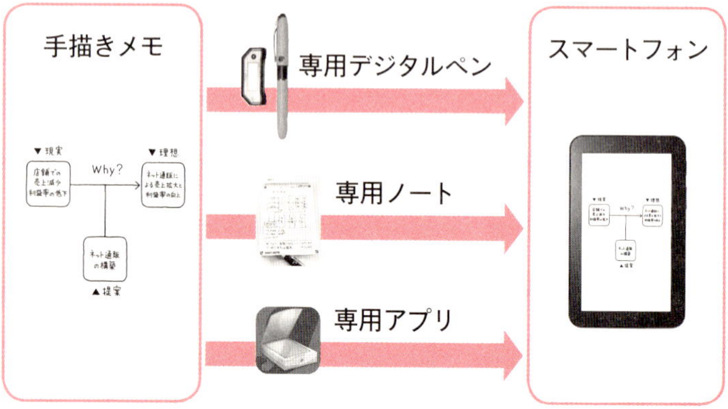

スマートフォンで持ち歩くために、手描きをデジタル化

手描きのノートをスマートフォンで持ち歩くためにはデジタル化しなければなりません。その代表的な方法は３つです。

１つ目は、デジタルペン。専用のデジタルペンとセンサによって筆跡をトラッキングして、デジタル化する方法。

２つ目は、専用のノートに手描きし、それを撮影すると自動的にスマートフォンにとり込まれるという方法。

３つ目は、普通のノートに普通のペンで手描きしたものを、スマートフォンのスキャナソフトで取り込む方法。

各々の方法はメリット、デメリットがあり、好みも分かれるところですので、自分で必ず試してみて、しっくりくるものを選びましょう。次ページ以降で、各々の方法を詳しく紹介しておきます。

Airpen Lite（ぺんてる）

カテゴリ
専用デジタルペン

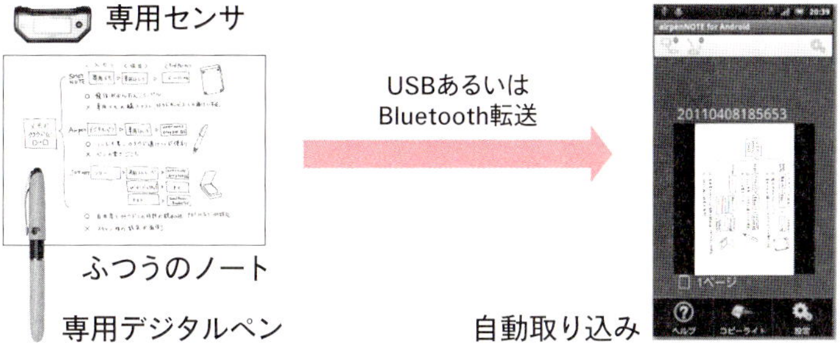
専用センサ
USBあるいは
Bluetooth転送
ふつうのノート
専用デジタルペン
自動取り込み
airpenNOTE for Android
20110408185653
1ページ
ヘルプ
コピーライト
設定

夢にみたデジタルペン。接続の安定性や筆跡の精度向上に期待

デジタルペンというのは、ペンを動かした筆跡を専用のセンサーで感知して、デジタル化するというものです。国産、海外製品ともにいろんな製品がありますが、代表格はぺんてる社のAirpenです。

専用センサはクリップつきで、使い慣れた自分のノートにはさんで使います。デジタルペンはちょっと太めのグリップで、ペン先は普通のインクボールです。ノート上でペンを走らせるとセンサが感知して、メモリ内に記録していきます。後から、PCやスマートフォンと接続すればデジタルデータとして自動でとり込まれます。若干Bluetooth接続や筆跡の太さが安定しない部分がありますが、筆跡をそのままデジタルデータ化したい人に向いています。

資料編

絵文字ノートのクラウド化

SHOTNOTE（キングジム）
CamiApps（コクヨS&T）

カテゴリ
専用ノート

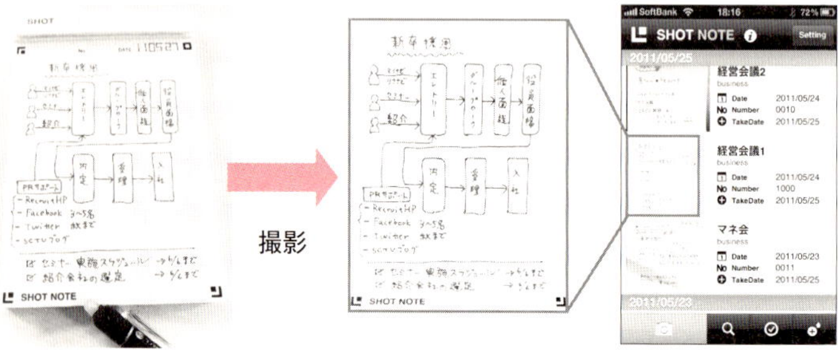

専用ノート　　自動取り込み

専用ノートを撮影すれば、自動で補正してアプリ内に保存

キングジムのSHOTNOTEやコクヨS&TのCamiAppsは専用のノートをまず購入します。サイズはメモからA4タイプまでさまざまですから目的に合わせて手に入れましょう。書いたノートを専用のiPhoneやAndoroidアプリで撮影すると、斜めから撮影したとしてもパースを自動的に補正し、アプリ内に保存してくれます。これはノートの四隅に輪郭を検出するためのマークが印刷されているからです。また、専用ノートには、ファイル番号やカテゴリを分類するマーカがあり、そこに書いた文字をOCRで読んで保存時に反映される機能もあります。専用ノートを買うランニングコストはかかるものの、とにかく手軽に手描きをデータとして保存できるという意味で、大変便利なツールだと思います。

JotNot（Mobitech3000） カテゴリ スキャナアプリ

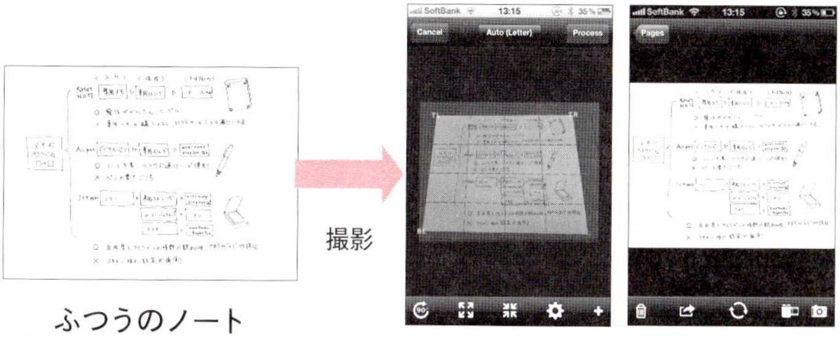

ふつうのノート（ホワイトボードや雑誌の切り抜きもOK）

輪郭識別（自分で手直し可能）

自動取り込み（色調など好みで）

専用品は一切不要で、コストパフォーマンスは最高

最後に紹介するのは、専用のペンもノートも一切使わず、アプリの機能だけで完結するタイプ。JotNotは執筆時点ではiPhone版のみのようですが、Androidでも検索で「スキャナ」と入れれば同じようなアプリが山ほどリストアップされるので、困ることはないでしょう。

スキャナアプリでは普通のノートだけでなく、ホワイトボードや黒板、新聞の切り抜きなど対象は何でもOKです。対象を撮影すればアプリ側で自動的に輪郭を検出してくれ、自動で補正されます。もちろん輪郭を自分で手直ししたり、とり込み時のコントラストや色調なども好みのセッティングが可能です。前述した専用ノートに比べると対象範囲が広く、自由度も高いだけ、少しだけ操作が面倒な気がしますが、これは好みの分かれるところです。

資料編

絵文字ノートのクラウド化

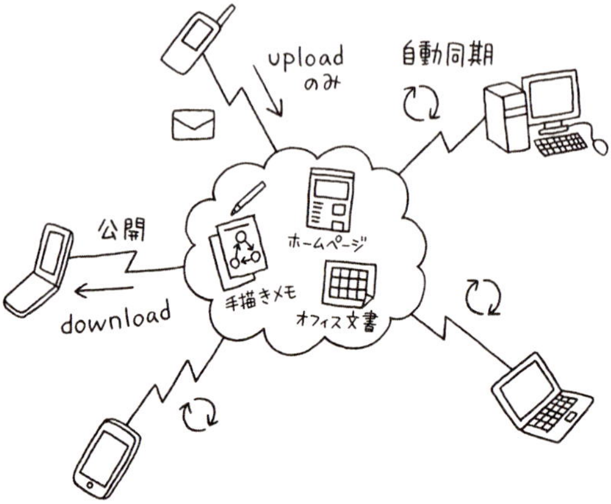

オフィス、自宅のＰＣとスマホを連携させるためのクラウド

メモやノートといったファイルをスマホのハードディスクに入れてしまうと自宅やＰＣのオフィスでファイルを使うときに不便だったり、もしスマートフォンを紛失してしまった場合に仕事が滞ってしまうリスクがあります。そこで、オススメしたいのが、クラウドです。

クラウドにはEvernote、Dropbox、SugarSyncなどすぐれたファイル保管サービスがあり、ほとんどがＰＣ、Mac、iPhone、Andoroidフォンで共通して使えます。クラウドサービスを利用するメリットは、複数の端末からいつでも最新情報が見れ、更新することができる点と、万一の時のバックアップになる点です。非常にさまざまなサービスがあり、選択に迷うところですが、個人的にもオススメできる代表的なサービスを紹介しておきます。

筆者も使って「オススメ!」
手描きのメモが活きるクラウドサービス

サービス名	オススメの理由　※太字は特にポイント
Dropbox （無料 / 有料版）	複数のローカル端末とクラウドの両方で「**自動的に同期**」をとってくれるから、ネットのつながらない環境でも仕事が滞ることがないのが便利。有料版は年間1万円以上かかりますが、「**容量が 80GB**」とバカでかくなるのと、うっかり上書きしてしまったファイルでも「**昔のバージョンに戻せる**」のが素敵！筆者は仕事ファイルのすべてを Dropbox 下に置いて、自宅やオフィスの PC など複数のデバイスで共有して使っています。
Evernote （無料 / 有料版）	もはやノート保管サービスの超定番サービス。Dropbox と同様に、ローカル環境との「**自動同期**」に加え、所定のアドレスに「**メール添付で保存**」できるから、携帯やスマホからでもラクチンです。特に便利なのは、ブラウザのエクステンションソフトとしても配布されており、「**ボタン1つで閲覧中の Web ページを保管**」できるため、後から読み返したい Web サイトをどんどんクリックしておけるのが、大変便利。カンタンすぎて、ゴミファイルが増えすぎてしまうのに注意が必要。有料版ではアップロードや同期の容量やファイル形式が無制限に。

絵文字ノートを
プロジェクターで映し出す

あらかじめ議論の的となる絵を描いておく

筆者の場合は、会議で情報を整理するためだけでなく、移動中や待ち時間に会議の出席者で共有したい情報を絵で描き、それをプロジェクタに映してミーティングすることがしばしばあります。

社内だから、それほどキレイに描く必要もないし、図にすることで、ヌケやモレがすぐにわかるから大変便利です。

たとえば、人事のことであれば組織図が、サーバの増設のことであればネットワーク図が、会計や財務のことであればBSやPLが必要になりそうなことは予測がつきます。そこで、自分なりの理解をざっくりとした絵にしておき、みんなに見てもらうのです。理解にギャップがあれば、すぐに埋められますし、選択した絵がミーティングの骨格となるのであれば、後は肉づけ。絵にどんどん詳細情報をつけ足していけばいいわけです。

参加者に絵を描かせれば、理解しているかどうかすぐにわかる

筆者は、ほかの会議者にもなるべく絵を描いてほしいと頼みます。なぜなら、口頭だけで説明するだけでは、ほかの参加者の頭の中に入っていかないことが多く、また発言者本人ですら、本当の問題点を理解していないケースも多いからです。絵を描いてみると、自分が本当に理解していることと、そうでないことが如実に出ます。なんとなくわかったつもりでいる人が、自分の考えを絵にしようとすると、「あれっ？」なんて立ち止まったりするわけです。逆にいえば、絵にできるということは問題の本質や情報の整理がしっかりできているわけですから、絵から会議を始めるというのは大変合理的なことだと思います。

議事録やアジェンダの箇条書きは不要なのか？

もちろん、会議では議事録も必要ですし、会議のアジェンダは箇条書きのリストのほうが便利なこともあります。しかし、間違えないでいただきたいのは、「記録すること」と、「理解すること」は別だということです。本当の問題を発見し、なすべきことを理解することに、必ずしも記録はいらないわけで、そこで必要なことは頭を整理して、問題解決に導くための「全体像」です。参加者全員が、絵を中心に理解し、会議の成果を共有できれば、きわめて生産性の高い会議ができると思います。

付録 スマートフォンで持ち歩こう! 使える絵文字81

本書で紹介した絵文字のうち、よく使いそうなものをピックアップしておきましたので、ぜひ、ご自身のiPhoneやスマートフォンで持ち歩きましょう。
各ページのガイドラインを目印にして、スマートフォンで撮影してください。どの図も縦横比はスマートフォンで一般的な4：3になっています。撮影データをそのままめくって使うのもよし、P87で紹介しようなスキャナソフトで輪郭や色調を補正するのもよいでしょう。
もちろん、EvernoteやDropboxなどのクラウドサービスを使ってスマホだけでなく、デスクトップPCやノートPC、はたまた仕事仲間と共有するのもいいかもしれません。図解を描くときの参考になると思いますので、ぜひ活用してください!

STEP 1
スマホのカメラで
絵文字ネタ一覧の
ページを撮影

STEP 2
撮影時には四隅が
ギリギリはいるくらいを目安に

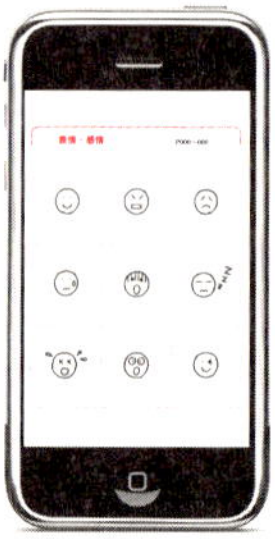

STEP 3
P175で紹介したアプリなどで
手描きメモをスマホで保存

表情・感情

P42,44

ニッコリ

怒った

つらい

緊張

ガーン

眠い……

忙しい！

驚き

やったね

付録 スマートフォンで持ち歩こう！使える絵文字81

体のパーツ、運動

P46,48

目

耳

口

脳、考える

いいね

足跡

サッカー

ランニング

サイクリング

生き物

P52〜53

犬

猫

ブタ

馬

鳥

パンダ

かえる

魚

虫全般

付録 スマートフォンで持ち歩こう！使える絵文字 81

身近にあるもの

P58,60

服

くつ

メガネ

トイレ

ベッド

ゴミ箱

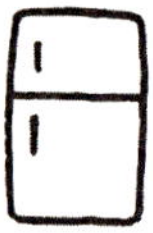

冷蔵庫

テレビとリモコン

iPod

オフィスにあるもの

P62,64

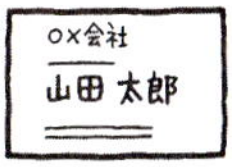

名刺

パソコン

固定電話

デスクと椅子

会議室

普通の携帯

スマートフォン

メール

FAX、プリントアウト

付録

スマートフォンで持ち歩こう！使える絵文字81

データ、記録媒体

P66,70

ビデオ

TV番組

カメラ

CD、DVD

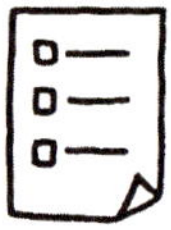
チェックリスト

グラフ情報

ワードデータ

エクセルデータ

パワポデータ

注意を喚起する

P72

注意その1

注意その2

進入禁止

禁止、中止

立ち入り禁止

爆発寸前

放射能

非常に危険

お知らせ

付録 スマートフォンで持ち歩こう！使える絵文字81

移動と交通

P86

徒歩

電車

車

飛行機

船

バス

駅

駐車場

ガソリンスタンド

エンターテインメント	P94

 映画、ビデオ	 音楽、コンサート	 ゲーム
 ショッピング	 食事	 飲み会
 カフェ	 キャンプ	 誕生日、パーティー

絵で記録し、考え、伝える8冊

図で記録し、考え、伝える「図解思考」を学ぶ

頭がよくなる「図解思考」の技術

永田豊志著

□と→のみで、企業戦略からプライベートの諸問題までを図で記録する「図解通訳」を身につける本です。箇条書きによるメモをやめて、図解メモに切り替えることで、論理思考力、記憶力、アイデア展開力などが増強されます。誰にでもできて、効果が高い図解思考の入門書。（中経出版・刊）

できる人は図で考えるから、
複雑なこともシンプルにまとまります

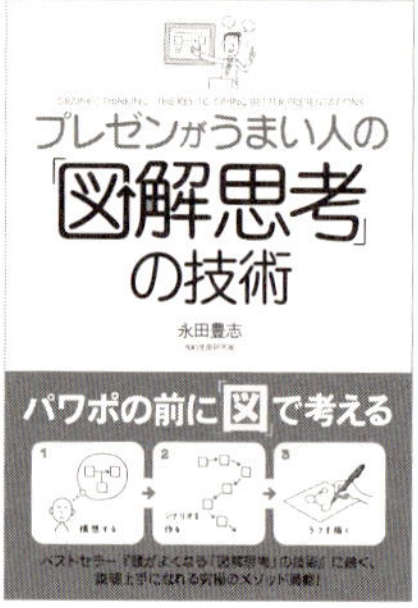

プレゼンがうまい人の「図解思考」の技術

永田豊志著

図解思考をプレゼンの準備や構想をまとめるために使う本です。いきなりパワポを作るのではなく、問題解決、アイデア、提案を全体から詳細に展開していくプロセスに図解を活用します。（中経出版・刊）

図でビジネスモデルを整理する方法を学ぶ

図解主義!

アンドリュー・J・サター 著

八百屋がだいこんを売る、というシンプルな経済取引から、権利、保証など複雑怪奇なビジネスモデルまでを図で整理する方法を紹介。「図解思考の技術」も、本書を読んで触発されて書いたものです。シンプルですが、奥の深い図解実践書です。(インデックス・コミュニケーションズ・刊)

私の図解思考への意欲に火をつけた本です。
シンプルなビジネスモデルも、複雑な権利処理も同じメソッドで描いてしまうなんて

ビジネスモデルを見える化するピクト図解

板橋悟著

友人の板橋くんが書いたビジネスモデルを人(企業)、モノ、金の流れでとらえるビジュアルシンキングの入門書。記事の中に含まれた重要な本質部分が手にとるようにわかります。(ダイヤモンド社・刊)

絵で記録し、考え、伝える８冊

こども向けとバカにできない、高品質図解の優良図書

ねぇ知ってる？大図鑑

福岡伸一監修

体・生活・動物・植物・昆虫・地球・宇宙・科学技術など幅広いジャンルで、豆知識をわかりやすく写真や図解で表現した楽しい図鑑。子ども向けとはいえ、大人も知的好奇心がめちゃくちゃあおられる良書。（主婦と生活社・刊）

こういう表現は本当にわかりやすい。子ども向けとバカにせずに学ぶべきところが多いです

知識ゼロからの１分イラスト入門

山田雅夫著

絵は苦手という人でもすぐにかんたんなイラストが描けるようになる入門書。私もこれで練習しました。ポンチ絵や絵文字など輪郭だけの挿絵であれば、さらっと描けるようにしておきましょう。（幻冬舎・刊）

海外の図解思考や可視化手法を学ぶ

描いて売り込め！超ビジュアルシンキング

ダン・ローム 著

ナプキンの裏に手描きで絵を描けばうまくいく、というスタンスの本書。コンセプトやそのフレームワークもさることながら、手描きによるシンプルな挿絵が素晴らしい。眺めるだけでも、アイデア力や問題解決力が付きそうな気がする本です。（講談社・刊）

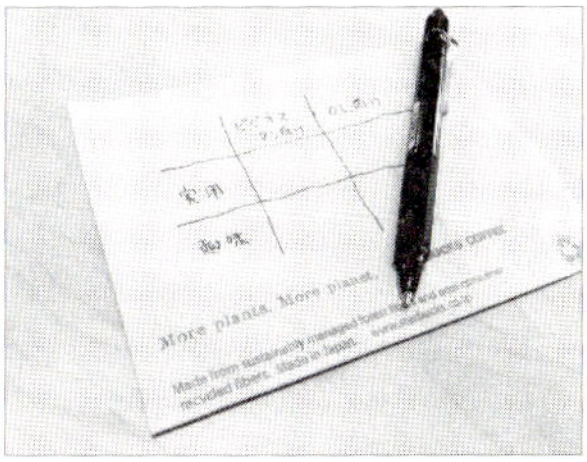

私もスターバックスのナプキンに
ラクガキして、ダン・ローム気分に

slide:ology

Nancy Duarte 著

アル・ゴア『不都合な真実』や米国を代表する大手企業のする著者が、デザインというより、コンセプトをどう可視化すれば効果的にオーディエンスに伝えることができるかをまとめた本です。本書でいうラフを描くノウハウが満載。（O 'Reilly Media・刊）

あとがき
～残念な人にならないための処方箋

本書は、メモをとる、ノートを書く、ホワイトボードに情報をまとめる……、といった日常の活動を「絵文字」を使って、楽しく、また効率的にする方法を提案しています。

しかし本書に限らず、ビジネススキルを磨くための本に書かれているのは、考え方のヒントであって、正解ではありません。世の中すべての人に共通した正解など存在しないのです。あなたの正解は、あなた自身にしかわかりません。

だから、考え方のヒントをもとに、自分で考えること。これが何よりも重要です。思考法や勉強法を本を読んで理解しただけでは、実はまったく頭に入っていないのです。アウトプットと連動することによってのみ、こうしたスキルは初めて体に染みわたります。ルールブックを読んだだけでは、スポーツがうまくならないのと同じです。

「習慣化」。これがもっとも重要な鍵です。わずかな時間であっても、あなたの日常に本書のメソッドを実際にとり入れることによって、仕事やプライベートのメモやノートが輝きます。とりあえず最初の一歩を踏み出す小さな勇気と実行力が、あなた自身を必ずや豊かにすることでしょう。

最後に、本書を上梓するにあたり、『頭がよくなる図解思考の技術』をはじめとする図解シリーズで、出版化の機会を与えてくださった中経出版の中村氏および関係者のみなさま、いつも私の手描きイラストや図解を素敵に仕上げていただいているデザイナの吉村さん、イラストレーターのサイトーさん、私に本書執筆のアイデアをくれた株式会社ショーケース・ティービーのスタッフのみなさん、そして、いつも温かく執筆活動を見守ってくれる妻と家族に、心から感謝しています。

永田豊志

〔著者紹介〕
永田　豊志（ながた　とよし）
知的生産研究家、ショーケース・ティービー取締役COO。
リクルートをはじめ、多くの企業で新規事業の立ち上げを行なった経験を持ち、現在は企業のｅマーケティング改善事業に特化した会社を経営している。その傍ら、ビジネスパーソンの知的生産力を高める方法を、執筆活動や講演を通じて提唱。中でも、「図解」をはじめとするビジュアルシンキングには定評がある。
「コミュニケーションを円滑にする」「記録・伝達の効率性を高める」「新しいアイデアを生み出す」ために、独特の「絵文字術」を生み出す。現在も、会議、プレゼン、打ち合わせなどに絵文字を活用し、成果を上げている。
著書に『知的生産力が劇的に高まる最強フレームワーク100』（ソフトバンククリエイティブ刊）、『頭がよくなる「図解思考」の技術』『プレゼンがうまい人の図解思考の技術』（中経出版刊）がある。
連絡先：nagata@showcase-tv.com
Webサイト：http://www.showcase-tv.com/
Twitterアカウント：@nagatameister

本書の内容に関するお問い合わせ先
中経出版編集部　03(3262)2124

ノート・手帳・メモが変わる「絵文字」の技術　（検印省略）

2011年11月25日　第１刷発行

著　者　永田　豊志（ながた　とよし）
発行者　安部　毅一

発行所　㈱中経出版
〒102-0083
東京都千代田区麹町3の2 相互麹町第一ビル
電話　03(3262)0371（営業代表）
03(3262)2124（編集代表）
FAX 03(3262)6855　振替 00110-7-86836
ホームページ　http://www.chukei.co.jp/

乱丁本・落丁本はお取替え致します。
DTP／吉村朋子　印刷／加藤文明社　製本／越後堂製本

ISBN978-4-8061-4251-5　C2034

パワポの前に「図」で考える

プレゼンがうまい人の「図解思考」の技術

永田豊志著　四六判並製・208ページ　本体価格1429円＋税

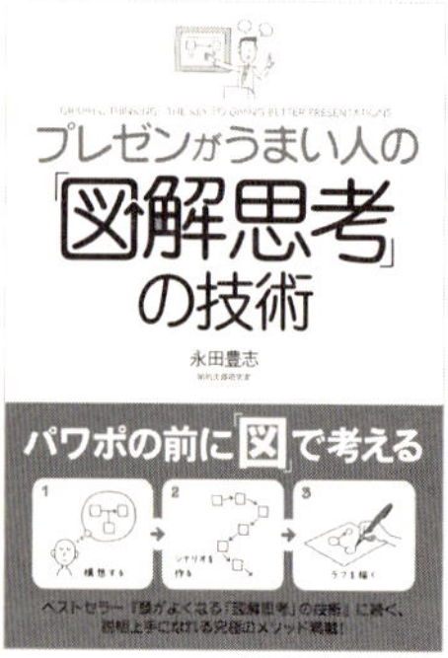

ビジネスでのコミュニケーションは、ほとんどがプレゼン!

「現実」「理想」「提案」の3要素に磨きをかければ、あなたのメッセージは変わる!

第1章　残念なプレゼンは、なぜ眠たくなるのか？

第2章　考えがスッキリまとまる「図解プロット」の技術

第3章　「合体ロボ作戦」でシナリオに磨きをかける

第4章　魅力的なスライドラフを描いてみる

第5章　図解プロットづくりに挑戦！

第6章　魅力的なアイデアを作り出す10のテクニック